KB240389

장사는
목이고 목은
돈이다

장사는
목이고 목은
돈이다

지은이 | 박경환
펴낸이 | 김원중

편   집 | 이민수, 손정아
디자인 | 송혜련
마케팅 | 손광섭
제   작 | 최은희

초판인쇄 | 2006년 4월 15일
초판발행 | 2006년 4월 20일

출판등록 | 제301-1991-6호(1991.7.16)

펴 낸 곳 | 도서출판 선미디어
          (주) 상상예찬
주   소 | 서울시 마포구 상수동 324-11
전   화 | (02)325-5191 팩   스 | (02)325-5008
홈페이지 | http://smbooks.com

ISBN 89-86089-05-X   03320

값 12,000원

장사는 목이고 목은 돈이다

박경환 지음

상상예찬

시작하면서

'소자본으로 창업하기 어렵다.'고 말한다. 당연하다. 장사를 해서 성공할 확률은 10~20%밖에 되지 않는다. 더욱이 지금과 같은 불경기에는 성공확률이 더 낮을 수밖에 없다. 그럼에도 불구하고 여전히 성공하는 점포들이 있다. 아무리 여건이 좋지 않아도 소비시장이 어떻게 변화하는지를 읽고 그에 맞춰 창업한다면 성공할 수 있는 길이 열려 있다는 것이다.

그동안 「장사목을 잡아라(1998년도 발행)」, 「창업귀신이 되지 않으면 성공은 없다(2002년도 발행)」를 애독하여 주신 많은 분들의 성원에 감사드리며 보답하는 마음으로, 그리고 창업 강의나 상담 및 컨설팅을 통해 절실하게 느끼고 마음 아파했던 부분인 창업의 핵심에 대해 초점을 맞추어 책을 내기에 이르렀다. 따라서 이 책은 창업자들이 반드시 알아야 할 기본에 충실하게 따랐다. 창업 아이템과 입지선정 및 점포경영전략에 대해서 쉽게 이해하고 접근할 수 있도록 하는데 주력하였다.

그리고 연이어 발행될 2권 「실전 상권분석과 점포개발」은 말 그대로 상권분석과 입지조건분석 및 점포개발에 관한 실전서이다. 외국상권분석이론의 핵심과 적용 가능성 검토, 예상매출액추정을 통한 사업타당성 분석과 점포개발 결과 보고서 작성 등 상가 상권분석 및 점포개발에 관한 총체적 실전서이다.

여러분은 이 책에 나열되어 있는 지식들을 습득하는 것보다 창업의 성패를 가르는 창업의 핵심을 체득하는데 모든 힘을 집중시켜서 가닥을 잡고, 그 가닥을 중심삼아 창업현장에서 몸으로 체득하면서 창업성공의 필수사항인 서비스나 마케팅 능력 배양, 사업계획서 작성 등을 차근차근 습득하는 방법으로 창업을 준비하라.

창업 성공을 바라는 예비창업자, 점포개발 관련 부동산 중개업자, 프랜차이즈본부 상가개발팀과 임직원, 기업체나 공기관 상가 및 부동산개발팀 모두에게 유용한 책이 될 것이라 감히 자부하는 바이다.

1권을 통해 기본을, 2권을 통해 실전을 꿰뚫기를 바란다.

창업의 시작은 업종선정에서부터 하지만 그 성공과 실패를 가름하는 것은 입지선정에 있다는 것을 다시 한 번 강조하면서 여러분의 성공을 바라는 마음 대신한다.

이 책이 나오기까지 성원해주신 모든 분들께 감사드린다.

2006년 4월

한누리창업연구소장 박 경 환

목 차

제 **1** 부
창 업 핵 심 과
성 공 전 략

제1장 창업의 핵심과 성공전략

제2장 아이템 선정전략

제3장 입지선정전략

제**2**부
창 업 기 초 실 무 와
점 포 경 영 전 략

제1장 창업기초실무

슬이 서 말이라도 꿰어
보배'라는 옛말이 있다.
로 그것이다 . 창업이 지
만으로 해결되지 않는 이
는 바로 '지혜'의 부족에
인하고 있다. 실제로 창업
하려면 논리적인 지식보
는 그 지식을 총동원하여
서적으로 느끼고, 꿰고 행
하는 지혜가 필요하다. 실
로 창업을 하려면 지식만
실히 쌓는 것에서 탈피하
직접 몸으로 부딪쳐야
다

**동할 때 지혜가
긴   다**

리고 이 책에서는 바로
지혜를 다루고자 한다

제1부
창업핵심과
성공전략

제**1**장

창업의 핵심과 성공전략

1. 창업 절차

창업현장에 있다보면 수많은 창업정보와 지식을 가지고 있는데도 불구하고 무엇을 어떻게 시작해야 할지 결정 못하고 있는 예비 창업자들을 종종 만나게 된다.

사실 창업이 말처럼 쉬운 것은 아니다. 하지만 창업에 관한 지식을 습득하였는데도 여전히 그렇다면 이건 보통 일이 아니다. 도대체 왜 그럴까? 왜 이러한 현상이 나오는 것일까?

'구슬이 서 말이라도 꿰어야 보배'라는 옛말이 있다. 바로 그것이다. 창업이 지식만으로 해결되지 않는 이유는 바로 '지혜'의 부족에 기인하고 있다.

'시장성 조사'니 '사장침투가능성 조사'니, '장래성·수익성·안정성 조사'니 하는 도식적인 이론도 필요하지만 그것에만 매달려 허송세월을 보내는 것은 어리석은 일이다.

실제로 창업을 하려면 논리적인 지식보다는 그 지식을 총동원하여 정서적으로 느끼고, 꿰고, 행동하는 지혜가 필요하다. 실제로 창업을 하려면 지식만 열심히 쌓는 것에서 탈피하여 직접 몸으로 부딪쳐야 한다. 행동할 때 지혜가 생긴다. 그리고 이 책에서는 바로 그 지혜를 다루고자 한다.

성공적인 창업을 위해서는 다음과 같은 절차에 따라서 창업에 대한 준비와 공부를 하되, 현장에서 직접 몸으로 부딪히면서 실천에 옮겨야 한다.

창업 준비 및 창업기초 이해

창업 마인드 고취 및 창업 준비/
창업의 핵심파악 (창업서적, 강좌, 매체 등 활용)/
창업시장 트랜드파악

아이템 선정

아이템의 이해와 선별 작업

아이템과 적합한 입지와 자금 파악
아이템과 창업자 역량(적성, 경험, 성별,
연령 등)과의 적합도 파악

입지선정

상 권 분 석
입지조건분석　⇨ **사업타당성 분석 / 투자대비 수익률분석**
A급 점포 판별

계약 체결

점포권리양도양수계약
점포임대차계약　　⇨ **사업계획 수립**

개업준비

●인테리어/아웃테리어
●비품구매 및 집기구매 /초도상품구입
●직원선발 및 교육
●홍보판촉물제작 및 배포

개업 및 경영

●점포관리/ 고객관리/ 마케팅 전략/ 부진시 활성화전략
●업종전환 및 매도전략

2. 창업 준비 철저히 하라

(1) 성공창업을 위한 창업마인드 고취

창업은 현재의 확실한 자본과 시간을 투자하여 미래의 불확실한 대가를 얻고자 하는 일이다. 그렇기에 창업에는 모험과 도전정신이 필요하고, 창업가는 창업이라는 모험에 도전하는 모험가도 되어야만 한다. 그런데 예비창업자들을 볼라치면 '적은 자본으로 창업하기가 너무 어렵다' 거나 '지금과 같은 불황기에는 성공확률이 낮다' 고 말하면서 창업을 포기하는 경우가 의외로 많다.

경기는 순환한다. 사이클에 따라서 불황과 호황이 주기적으로 교차되는 것이다. 얼마 안 있어 호황은 다시 찾아 올 것이다. 그렇다고 그 때까지 마냥 손을 놓고만 있을 것인가? 그럴 필요도 그럴 이유도 전혀 없다. 이러한 불황속에서도 얼마든지 기회는 있다.

창업을 하기란 결코 만만치 않다. 하지만 처음 해보는 일이라 하여 언제까지 뒷짐만 지고 있을 수는 없다.

미리미리 준비하고 적극적이고도 유연한 사고를 가져라

창업은 전쟁이다. 그래서 전쟁과 마찬가지로 창업을 시작할 때에도 전략과 전술이 필요하다.

막무가내식의 밀어붙이기가 아니라, 창업에 있어서 성공과 실패를 가르는 핵심 포인트를 파악하고 습득하여 실제 창업으로 이끌어가는 등 창업전반에 대한 큰 줄기(핵심 포인트)를 꿰뚫어 보는 안목을 기르는데 진력하라는 것이다.

또한 창업자에게는 유연한 사고도 중요하다.

흔히들 유연한 사고를 가지라는 조언을 마치 요령 있는 기법 습득 정도로 착각하곤 하는데 유연한 사고란 창업 이후 점포경영, 특히 마케팅 전략 등에서는 필수적이다. 예를 들면 경쟁점포와의 경쟁력우위를 지키기 위해서 무언가 차별화된 전략이 필요할 때 바로 그 힘을 발휘하는 것이다. 하지만 창업 시 아이템과 입지선정에 있어서 양보나 유연성은 바로 실패로 귀결되고 만다는 것을 유념하기 바란다.

창업 실패유형 7가지

쉬어가기 01

창업은 누구든지 할 수 있다. 하지만 누구든지 성공할 수 있는 것은 아니다. 바로 이 점이 창업자의 마음가짐을 강조하는 이유이기도 하다.

그렇기 때문에 다음과 같은 유형은 창업을 하지 않는 것이 낫다.

1. 꿈과 이상이 없는 형

누구에게나 자기 삶을 뒤바꿀 수 있는 운명적인 기회는 찾아온다.

그것을 붙잡아 실제로 자기 삶을 변화시키는 것은 '늘 꿈을 꾸어온 사람' 이다. 꿈꾸지 않는 자에게는 기회도 없다.

2. 용기가 없는 형

용기는 극복함으로써 더욱 커지는 것이다. 스스로 '실패자' 라고 자처하면서 사는 것만큼 어리석은 일은 없다. 거기에서 한 발짝 앞으로 나아가려는 용기가 멋진 도약으로 이어질 수 있다.

3. 못난이형

못난 사람이란 누구를 가리키는가? 모든 일에 명확하지 못하고 우유부단한 사람이다. 이런 사람은 창업을 시작하지 않는 것이 좋다.

4. 의존형

남에게 의지하여 해결하려는 유형을 말한다. 노력 없이 주변이나 정부의 지원만 바라보는 사람은 창업하지 않는 것이 낫다.

5. 공짜형

무료창업상담이나 무료창업컨설팅, 무료창업 강좌에만 지나치게 매달리거나 심지어 현장상권분석컨설팅까지 무료이기를 원하는 타입은 곤란하다. 창업은 먼저 베풀고 그리고 받는 것이라는 것을 명심하자.

6. 비실비실형

사람 본연의 모습은 뒷모습에 나타나게 마련이다.

기력이나 박력이 있는 무사는 뒷모습에서도 허점을 찾을 수 없기 때문에 등 뒤에서도 칼로 내리칠 수 없다'는 말이 있다. 이처럼 기력과 박력은 그 사람을 판단하는 기준이 되며, 당신의 뒷모습에서 그것을 알아 챌 수 있다는 사실을 명심하자.

7. 사주팔자 맹신형

사람은 저마다 제 밥그릇을 갖고 태어난다고 한다.

태어날 때부터의 생김새도 성격도 머리도 각기 다르므로 그 말도 타당성이 있기는 하지만 지나치게 사주팔자나 점을 맹신하는 사람들은 창업을 하지 마라. 사주팔자가 맞고 안 맞고는 결코 중요하지 않다. 창업성패는 '어떤 마음으로 장사에 임하는가'에 달려 있다.

창업에 있어서 가장 중요한 것은 정보수집이다. 물론 정보를 빨리, 그리고 많이 얻는 것도 중요하지만 더욱 중요한 것은 올바른 정보를 습득하는 것이다. 예비창업자들은 올바른 정보를 판단할 수 있는 기준이나 잣대가 거의 없다. 따라서 다양한 정보를 올바르게 취사선택하기 위해서 열린 자세가 요구된다.

1) 인터넷과 친해져라

인터넷에는 창업정보만을 다루는 전문사이트가 100여 개에 이르며, 각종 창업정보가 실려 있다. 여기서 올바른 정보를 취사선택하는 것은 창업자의 몫이다. 아이템이나 프랜차이즈 업체 정보망이 있다면 한 번쯤 그 이유를 생각해 볼 필요가 있다는 뜻이다.

2) 언론매체를 활용하라

일간지, 경제전문주간지, 창업전문월간지 등을 참고로 할 때 유념할 일은 정도(正道)에 입각해서 자료를 제공하고 있는가 여부이며, 그 판단은 창업자가 내려야 한다. 지나친 아이템위주의 홍보성 기사는 객관성, 신뢰성이 떨어질 수도 있음을 알아두자.

3) 전문서적을 정독하라

창업에 대한 일반적인 정보는 언론매체나 인터넷 등으로 습득해도 좋지만 창업에 대한 전문 정보, 즉 사업계획서나 아이템선정법, 상권입지분석법등은 전문서적을 통해 습득하는 것이 좋다.

4) 창업 강좌를 활용하라

정부기관이나 지방자치단체, 각종 기업체 또는 민간창업관련단체들이 유, 무료 창업강좌를 진행하고 있다. 현재 예비창업자를 위한 단기 창업 강좌(강좌일정 2~3일)는 대부분 무료이며, 대다수는 부정기적이다. 따라서 이에 대한 정보는 창업자 개개인이 창업전문사이트를 통해 항상 점검해 보아야 한다.

창업자들에게 유용한 정보를 제공하고 있는 창업 강좌는 중소기업청(각 지방청 포함)이나 지방자치단체(서울특별시 등 광역자치단체나 구청, 지방 시, 도 등)등 공적 성격을 띠고 있는 기관이 주로 주최하고 있으며, 강의 내용 역시 비교적 객관적이고 올바르다.

또 각종 기업체나 언론매체, 프랜차이즈 본사나 창업컨설팅기관들이 주최하는 강좌가 있는데, 일반적으로 대기업이나 은행 등이 주최하는 창업 강좌는 사회 환원 차원에서 진행되는 경우가 많아 비교적 객관적이다(예를 들어 하이트 맥주(주)무료창업아카데미나 기업은행 무료창업강좌 등).

하지만 강좌를 가장한 사업설명회는 객관성을 유지하기보다는 가맹창업을 유도하기 위한 목적에 의해 진행될 수 있다. 그래도 최근에는 비교적 객관성을 띠는 방향으로 선회하고 있으니 매우 다행스러운 일이다.

마지막으로 창업컨설팅기관들이나 협회가 주최하는 강좌가 있는데, 이는 비교적 객관적이고도 전문성을 띠고 있는 경우가 많으므로 적극적으로 활용하도록 하자.

5) 창업박람회나 사업설명회를 활용하라

창업박람회나 사업설명회는 창업시장의 흐름, 특히 아이템의 흐름을
파악할 수 있는 중요한 기회다. 다만 창업박람회에 참여한 업체는 어떤
공신력 있는 기관이 객관적으로 검증한 것이 아니기 때문에 예비창업자
들 스스로 옥석을 가려야 하는 어려움이 따른다. 창업박람회 참여업체
를 맹신하는 우는 범하지 말기 바란다.

6) 신문이나 생활정보지 광고를 분석하라

광고를 보다 보면 창업시장의 흐름을 파악하게 된다. 특히 유행업종
의 경우에는 생활정보지에 실리는 프랜차이즈 본사들의 광고 물량으로
파악이 가능하다. 이처럼 매우 유용한 정보의 원천이 되므로 생활정보
지를 생활화하는 것이 필요하다.

7) 창업컨설팅사나 창업선배들의 도움을 받아라

창업연구소, 창업대학원, 창업컨설팅 등 표현은 다르나 이들은 모두
창업에 관련된 전문가가 운영하는 곳이다. 물론 전문성이나 객관성에서
약간씩의 차이는 있겠지만, 다른 기관이나 프랜차이즈 업체보다는 비교
적 객관적인 정보를 제공하고 있다.

3. 창업의 핵심 – 아이템과 그에 맞는 입지선정에 있다

창업을 하기 위해서는 창업자의 자세(서비스나 마케팅능력 등), 자금,
아이템 그리고 입지(장소) 등의 4요소가 어우러져야 한다. 그중 창업의

성패를 가르는 것은 바로 아이템과 그에 맞는 입지선정이다.

예를 들어 외식업, 판매업, 서비스업이나 기타 인터넷비지니스 등을 창업하려면 무엇이 가장 중요할까? 아이템의 상품력일까, 입지일까, 아니면 점포크기일까? 그도 아니면 차별화된 마케팅이나 서비스일까?

경기나 업종을 불문하고 매출을 결정하는 가장 중요한 요소는 상권과 입지이다. 특히 불경기에는 더욱 심하게 그 차이가 드러난다.

업종별로 핵심 키가 다르고 상권과 입지가 다르듯이 업종에 따라서는 입지가 중요한 것이 있는가 하면, 상품력이 중요한 것도 있고, 또 점포크기가 중요한 것이 있기는 하다. 그렇지만 면밀히 살펴보면 상품력이나 점포크기도 입지가 받쳐 주어야 그 구실을 하게 되며, 서비스나 마케팅능력도 입지가 받쳐주었을 때 빛을 발휘함을 명심해야 한다.

창업은 업종선정에서부터 시작하지만 그 성공과 실패를 가름하는 것은 입지선정에 있다는 것을 다시 한 번 강조한다.

창업아이템, 입지 그리고 서비스나 마케팅능력의 상관관계			
아 이 템	입 지	서비스나 마케팅 능력	창업성공여부
○	○	○	성공
○	○	×	성공(서비스나 마케팅능력 배양에 노력을 할 경우)
○	×	○, ×	실패(일시적 성공)
×	○	○, ×	성공 가능성(업종변경 시)
×	×	○, ×	실패

4. 창업시장 현황과 향후 전망

(1) 창업시장 현황

자영업체 10개 중 9개가 적자에 허덕이는 등 영세자영업이 급속히 몰락하고 있으나 시장경제논리에 막혀 대책이 막막한 것이 현실이다.

중소기업특별위원회에 따르면 전국의 240만개(2003년 말 기준) 자영업소 중 수익을 내는 곳은 8.3%에 불과했다. 경기침체, 자금부족 등의 원인보다도 과잉진입(65.7%) 때문이 원인으로 분석됐다.

하지만 이는 눈에 보이지 않는 것을 간과한 표피적인 진단이다.

2002년 이후 경기가 악화일로를 걷고, 반대로 자영업자 수가 늘기는 하였지만 이보다도 더욱 창업시장에 악영향을 끼친 것이 있다는 것이다. 2002년도에 전국에 걸쳐 임대료가 폭등했던 것을 기억할 것이다. 현재 창업시장 몰락의 한 축을 담당하고 있는 것이 바로 과도한 임대료에 있다.

(2) 향후 창업시장 전망

1) 창업시장의 활성화 전망

올 2006년도 이후에는 모처럼 창업시장이 살아날 것이라는 전망이 나오고 있다. 이는 정부가 주도하는 분위기와 무관치 않으며, 또한 되살아나는 경기에도 근거를 두고 있다. 경제연구소들은 2006년 경제 성장률을 4.5~5.0% 선으로 전망하면서 내수회복과 수출호조로 경기가 나아질 것이라고 하고 있다.

하지만 고용 없는 성장으로 인한 청년실업 증가, 가처분소득 감소 및 가계부채의 증가로 인한 소비력 감소, 저출산과 인구고령화로 인한 경쟁력 감소 등의 악재로 인해 경기상승이 바로 창업시장으로 이어지지는 않는다.

그럼에도 불구하고 경기상승을 호재로 보는 이유는 장기적으로는 경기상승이 창업시장 활성화로 이어질 것이라는 데에 있다.

2) 향후 창업시장 세부 동향

극심한 불황이었던 2005년도를 제외하고 모든 해에 걸쳐서 창업시장이 양적, 외적으로 팽창하여 왔던 전례에서처럼 경기가 서서히 살아나는 2006년도 이후 창업시장은 양적, 외적으로 팽창할 것이다. 하지만 업종별로는 부침이 심할 것으로 예상된다.

① 창업시장의 왜곡

창업시장의 왜곡과 업종과 브랜드의 생명주기단축으로 인한 유행업종의 양산이 부실 프랜차이즈 난립으로 이어져 창업자들의 피해는 여전할 것이다. 하지만 가맹사업거래의 공정화에 관한 법률의 제정과 시행(2002.11.1 시행)으로 인해 부실프랜차이즈나 사기프랜차이즈 업체의 입지가 좁아져 과거에 비해서는 피해가 줄어들게 될 것이다.

② 업종과 브랜드의 생명주기 단축

외식업이든 판매업이든 서비스업이든 업종 불문하고 극심한 경기위축과 왜곡된 자본시장의 흐름으로 인해 소비시장이 전반적으로 위축되면서 업종의 생명주기와 브랜드의 생명주기도 짧아졌다.

현 시대는 정보화시대이다. 정보의 홍수 속에 살고 있으며 하루만 늦어도 구시대의 유물이 되는 초고속시대에 살고 있다. 이와 같은 시대의 흐름은 소비시장에도 흘러들어와 브랜드의 생명주기를 단축시키고 있다. 물론 모든 업종이 다 그런 것은 아니고 특별한 노하우가 없어서 신규참여가 쉬운 업종에 집중되어 있다.

③ 소비시장의 양극화 심화

극심한 경기침체로 인해 소비자들의 소비패턴이 변했다. 즉 중산층 의식에 따른 상류지향의 소비가 지양되고, 실용성을 중시하는 구매패턴이 정착되고 있다는 것이다. 그러므로 대중성을 기반으로 하는 저가 소비시장을 겨냥해 창업하는 것이 좋다.

그런데 여기서도 유의해야 할 점이 있다. '저가격'이라고 해서 '저질'을 의미하는 것으로 오해해서는 안 된다. 실제로 가격파괴 전략으로 소비위축을 벗어나고자 했던 많은 점포들이 실패했다. 가격파괴 호프·소주방이 대표적인 예인데, 가격과 함께 질까지 낮춘 데에 원인이 있었던 것이다.

"현대의 소비자는 둔한 왕이 아니라 매우 현명한 손님이다."라는 것을 명심하라.

④ 점포구입비의 하락으로 창업비용 절감

IMF 이후(1998년도 이후) 임대료와 권리금은 그 전에 비해 20~30% 이상 떨어졌었다. 그런데 2002년도 들어서 기승을 부리던 부동산가격 상승이 상가건물가격 상승으로 이어지고, 또한 상가건물임대차보호법이 제정된 영향으로 인해 임대료가 대폭 상승되었고, 그 와중에 권리금까지 상승되는 기현상이 벌어지면서 결국 점포구입비의 상승을 초래하였다.

그러나 2004년도 하반기부터 창업시장이 확연하게 위축되면서 권리금이 반전되기 시작한 이후, 이제는 권리금만은 IMF 직후 수준으로 떨어졌다. 이와 같이 권리금의 하락으로 인해 창업비용을 절감할 수 있는 절호의 기회이기도 하다.

⑤ 경기위축으로 인해 위험회피형 창업 활발

경기위축으로 인해 투자위험성이 있는 업종보다는 권리금과 시설비가 적게 드는 업종을 찾기 때문에 나타나는 현상이라고 볼 수 있다. 초보 창업자에게는 바람직한 현상이기도 하다.

⑥ 상가건물임대차보호법, 가맹사업거래법의 정착

상가건물임대차보호법, 가맹사업거래법의 정착이 미미하나마 창업시장에 긍정적인 영향을 미치게 될 것이다.

상가건물임대차보호법(2002.11.1 시행)은 그동안 임대료의 대폭상승 등 창업시장에 부정적인 영향을 미쳤으나 서서히 법제정의 취지(상인보호)대로 영향을 미칠 것이다. 또한 가맹사업거래의공정화에관한법률(2002.11.1 시행)로 인해 부실프랜차이즈나 사기프랜차이즈 업체의 입지가 좁아져 과거에 비해서는 피해가 줄어들게 될 것이다

(3) 과거 창업시장과 시장주기

과거 창업시장전반의 흐름을 읽어야 앞으로 흐름을 읽을 수 있는 안목이 생기고 그에 맞추어 대비할 수 있다.

과거 창업시장과 그 주기를 간략히 보자.

1) 1994년도 아이템별 생멸 본격화

1994년도 이전에는 아이템의 생명주기가 비교적 길어서 창업시장의 변화가 그다지 심하지 않았던데 비해, 1994년에는 수많은 아이템들이 무너지고(노래방이나 쇠고기뷔페, 독서실 등), 솎아지곤(유망아이템이라도 입지가 떨어진 곳에 있는 점포들은 경쟁력을 잃고 무너지기 시작함—예를 들어 베이커리도 경쟁점포에 비해 입지 등에서 경쟁력을 상실하면 무너짐) 했다.

이때부터 자영업자들의 본격적인 고난이 시작되었다. 프랜차이즈 사업이 서서히 활기를 띠면서 창업시장에 긍정적인 영향을 미치는 한편, 그 이면에 도사리고 있는 부정적인 측면이 부각되기 시작했다. 무늬만 프랜차이즈인 부실, 사기업체들이 등장하기 시작한 것이다.

2) 1998년도 자영업 무한 경쟁시대 심화

IMF직후인 1998년에는 모든 업종에 걸쳐 생명주기의 급격한 단축(업종 간에 변화 심화), 동일업종이라도 브랜드 간 경쟁심화와 각종 마케팅 전략(특히 가격전략)경쟁 심화로 자영업자들의 부침이 매우 심했었다. 업종 간, 브랜드 간의 경쟁이 부실프랜차이즈를 낳고, 부실프랜차이즈가 유행업종을 양산하고, 유행업종이 수많은 창업자를 울린 것이다.

3) 2002년도 이후 임대료 폭등과 불경기 심화로 자영업자들의 몰락 초래

2002년도 이후에 임대료 폭등과 불경기 심화가 자영업자들의 몰락을 초래한 것은 누구나 알고 있다. 이와 같은 임대료 폭등에는 두 가지 변수가 작용하였다.

부동산시장가격 폭등으로 인한 상가건물임대료 상승분에, 때맞추어 상가건물임대차보호법을 제정한 것까지는 좋았는데, 시행시기 유예로 인해 1년 사이에 상가임대료가 상상할 수도 없을 만큼 폭등(보통 30%에서 100%까지 폭등함)했던 것이다. 이는 보호법이 악법 구실만 했다는 것을 반증한다.

5. 정부의 자영업 대책과 전개방향
– 임대료 낮추기 운동을 벌여야 한다

(1) 정부의 자영업 대책

정부의 자영업자 대책 근간은 시장을 인위적으로 교란하지 않는 범위 내에서 자연스레 이루어지는 구조조정과 '자영업컨설팅지원' 등 활성화 대책에 있다.

대통령직속 중소기업특별위원회에서 2005년도 5월 31일 "영세자영업종합대책"을 발표하고 8월 1일부터 "자영업컨설팅" 지원사업을 전개하고 있다.

1) 자영업 종합대책의 방향

시혜적인 직접지원보다는 자생할 수 있는 인프라 조성 등의 간접지원에 중점을 두고 있으며, 컨설팅을 통한 과잉진입 예방, 경영안정, 사업전환, 자발적 퇴출 등의 대책별 특별프로그램 형태로 추진되고 있다.

2) 컨설팅 지원 대상

상시 근로자 5인 미만의 자영업자로, 컨설팅을 받은 사업자는 업종전환이나 신규 창업, 경영개선자금 등이 필요할 때 신용보증기금을 통한 대출서비스를 이용할 경우에 가산점을 받을 수 있다.

3) 컨설팅 종류

신청하는 자영업자는 먼저 전국 60개 소상공인지원센터(2006년도에 이외의 지방센터는 지방자치단체로 편입됨)의 상담사들이 실시하는 무료컨설팅을 받게 되며, 약 600여 명으로 구성된 민간컨설턴트들이 실시하는 유료컨설팅(자영업자 부담 10%, 최고 5만 원)이나 변호사 · 회계사 등 전문가들의 전문분야 컨설팅(자영업자 부담 20%, 최고 120만 원)을 받을 수 있다.

4) 컨설팅 분야와 신청방법

예비창업자들에게는 업종 선정, 상권 및 입지조사와 점포 선정, 인테리어 및 디자인, 음식조리 노하우 전수 등에 대한 컨설팅을 실시하고, 이미 점포를 운영하는 자영업자들에게는 경영진단, 매출 활성화 방안, 업종전환, 심지어 폐업에 이르기까지 해당 지역의 소상공인지원센터를 방문하면 적합한 컨설턴트를 추천받을 수 있다.

또한 온라인 홈페이지(www.sbdc.or.kr)에서 성명, 업종 등 간단한 정보만 입력하면 컨설턴트 풀에서 원하는 사람을 지정해 컨설팅을 받을 수 있으며, 전화(02-562-2892)로도 신청할 수 있다.

(2) 자영업 대책의 문제점

이와 같은 정부의 정책지원에도 불구하고 근본적인 문제를 해결하는 데는 한계가 있을 수밖에 없다. 즉, 정부의 컨설팅 지원을 받아서 어느 한두 점포가 활성화 된다고 문제가 해결되는 것은 아니다.

전체 소비가 한정되어 있는 내에서 한두 점포가 좋아진다고 치자. 그렇다면 반대로 그만큼의 소비 감소로 이어지는 점포가 발생하게 되어 결국은 살고 죽는 점포 간의 이동만 있을 뿐이다. 이는 정부가 지향할 정책으로서는 부적당하다.

한편으로는 자영업자들 중 '자영업컨설팅 지원제도' 라는 정책이 있는 줄도 모르는 이들이 대다수일 정도로 홍보가 부족한 것도 문제이다.

(3) 자영업 대책의 해결방안 – 임대료를 하향유도

자영업자의 수익구조를 보자.

총매출액에서 매출원가와 판매 및 일반관리비(인건비, 임대료 등) 그리고 기타 세금 등을 제한 나머지가 수익이 된다. 즉 자영업자가 수익을 내려면 매출액을 올리든지 아니면 지출비용을 줄여야 한다. 이 구조에 해답이 있다. 매출액을 올리는 것은 어려우니 현실적으로 가장 실천 가능한 것은 비용을 줄이는 것이고, 결국 임대료를 낮추어야 한다.

첫째, 매출액을 올리려면 국가적으로나 개인적으로나 소비가 늘어나야 한다.

그렇지만 빈부격차 심화, 내수부진, 소비심리위축 등의 문제로 소비 진작이 어려운 것이 현실이고, 이의 해결을 위해 정부가 강제할 수 있는 정책에도 한계가 있으며, 또한 단기간에 해결될 수 있는 문제도 아니다. 현재 정부의 자영업자대책에 문제점이 없는 것은 아니지만 이의 지속적인 실천으로 회생이 가능한 점포는 살려야 할 것이다.

둘째, 위에서 보듯이 소비를 늘리는 것이 간단한 문제가 아니라면 다음으로 실천 가능한 것이 바로 비용을 줄이는 것이고, 그중에서 임대료를 낮추는 것이다.

인건비문제는 자영업자 개인들이 알아서 할 일이고, 또 실제로 장사가 안 되면 안 되는 만큼 저절로 조정이 되고 있기 때문에 논의의 대상이 되지 않는다. 임대료를 낮추는 것이 정부가 개입할 문제는 아니지만 임대료를 낮추어야 하는 당위성 등 분위기를 조성하는 데 있어서나 파급효과에 있어서는 정부만큼 힘을 발휘하는 곳이 없기 때문에 감히 언급하는 것이다.

실제로 임대료를 낮춘 전례가 멀리도 아닌 1998년도에 있었던 것을 상기해 보라. IMF 직후 모두가 힘들 때에 바로 임대료를 낮추는 운동 아닌 운동이 벌어졌고, 각 방송 매체에 의해 미담사례로 소개되면서 전국적으로 확산된 사실이 엄연히 있다.

바로 지금이 그러한 전례를 활용해야 하는 시점이라는 것이다. 마침 부동산 가격상승이 둔화되고 있지 않은가.

(4) 임대료 하향에 따르는 부수적인 해결방안

1) 임대료 하향운동과 더불어 상가건물주에게는 그에 상응하는 혜택
(세금경감조치 등)을 줄 수 있을 것이다.
또한 악덕건물주에게는 세무조사를 실시하는 등 불이익을 주어 악행
을 근절시켜야 하는데, 이의 실천을 위해서는 특별히 팀을 구성해 운영
하는 방안이 있을 수 있다.

2) 상가건물임대차보호법시행령의 개정을 통해 임대료상한선을 조정
해야(현재 연 12% ⇒ 연 5%)하고, 보호법 미적용 상가를 대폭 줄여서 실
질적인 보호를 해야 한다.
이는 시행령이기 때문에 정부의 의지만 있다면 구태여 까다롭게 법률
의 개정을 통하지 않고도 바로 시행할 수 있다.

3) 한편 자영업 매출부진의 한 원인으로 자영업 빈부격차에 있다.
대형유통점이나 대형백화점 등 대형업소와의 경쟁력 상실이 한 요인
으로 작용하고 있다는 것이다. 특히 도소매 유통업은 심각한 수준에 이
르고 있다. 대형유통점의 무차별적인 난립을 제한하는 특별법 제정은
분명히 필요하고 또 가능하다.
주택지 재래시장 주변 등 이미 상권이 형성되어 있는 곳에 상권형성
에 기여한 것도 없이 바로 대형유통점들이 무임승차하는 것은 상도에도
맞지 않다.
이에 대한 법률의 제정이 이루어져 바로 시행되어야 할 사안이다.

4) 영세 자영업자의 부담을 줄이는 것으로 세금 감면 등의 조치가 필요하다.

이와 같이 자영업자대책은 어느 한두 가지 정책으로서만 해결되는 것이 아니다. 하지만 자영업자문제가 심각하다는 것을 인식하고 해결하고자 기왕에 칼을 빼 들었다면 약간의 저항이나 불협화음을 감수하고서라도 확실하게 휘둘러보기를 바란다.

6. 성공창업전략

창업이란 말이 우리 귀에 익숙하게 들리기 시작한 지는 불과 십수 년밖에 되지 않는다. 그런데 과연 창업이 무엇인가? 그동안 조금은 하대받던 '장사'란 말을 단순히 듣기 좋게 바꾼 말일까? 물론 아니다.

현대는 대량생산이 공급의 과다를 불러 수요의 창출 없이는 수익이 발생하기 어려운 시대에 접어들었다. 이제는 전문성과 차별성 없이는 수요자를 잡지 못하는 시대이다. 당연히 전문경영의 시대에 접어들게 되었고 이 점에서 바로 소자본 장사도 새로운 전기를 맞게 된 것이다.

창업에서는 어떤 계획도 100% 성공을 보장해 주지 못한다. 어떤 면에서 볼 때 너무 완벽한 계획은 오히려 성공에 방해가 된다.

창업에서의 성공은 완벽하고 철저한 계획이 보장하는 것이 아니라 완벽하고 철저한 모험, 즉 과감한 실천이 보장하는 것이라는 것을 명심해야 한다.

창업자들은 창업을 이루는 요소가 과연 무엇이며 그중에서도 핵심은 무엇인지를 알아야만 한다.

창업은 4요소가 결합되어 이루어지는데, 그 비중이 업종마다 각기 다르다. 입지중심형 점포창업자에게는 입지가 가장 중요하며 수익창출형 소호창업자에게는 창업자 자신의 능력이 중요하다.

이와 같이 성공창업은 각 업종마다 어떤 요소가 가장 중요한가를 파악하는 데에서부터 출발한다.

(1) 창업의 4요소

1) 창업자

창업자 없는 창업은 있을 수 없다. 그렇다면 창업자가 갖추어야 할 자격이나 조건이 있는가? 없다. 누구든지 할 수 있다. 남녀노소 관계없다. 전문지식과 경영능력을 습득하려는 자세만 있다면 말이다.

어떤 업종을 선택해 어떤 곳에서 창업을 해야 할지를 꼼꼼하게 따져보되 창업자 자신도 중요한 성공창업의 한 요소임을 잊지 마라.

2) 입지

입지(장소)는 경영자가 사업을 운영하는 근거지를 말하며, 이 입지가 장사의 성패를 결정한다. 소점포사업은 입지사업이다. 상권분석과 입지조건분석을 정확히 한 후 입지선정을 해야 한다. 이러한 입지는 업종에 따라서, 주고객이 누구냐에 따라서 달라진다.

3) 업종

업종은 시대흐름에 맞추어 점차 세분화, 전문화되고 있다.

업종선정을 위해서는 각종 정보를 수집하여 비교 분석해야 한다. 이때 그것이 사양업종이나 유행업종은 아닌지, 창업시장 흐름과 맞는 업종인지, 자신의 취미나 적성에 맞는 업종인지, 입지에 맞는 업종인지, 성장기에 들어간 안정된 업종인지, 자기자본 규모에 맞는 업종인지 등을 꼼꼼히 따진 후에 선택해야 한다. 즉, 유망업종을 선택해야 한다는 것이다. 또한 이러한 업종도 입지에 맞아야만 성공하는 것은 불문가지이다.

4) 자금

초기 창업자금은 최소화하는 것이 좋다. 개업자금과 운전자금으로 구분하여 집행하되, 자금능력 범위 내에서 사업을 해야 한다. 최소한 점포 구입 비용만이라도 자기 자본으로 하여 이자부담과 심적 부담을 줄여야 사업이 궤도에 오를 때까지 안정적으로 운영할 수 있다.

> 이와 같은 4요소 이외에도 매우 중요한 것이 있는데, 입지선정을 할 때 발목을 붙드는 '권리금'이 그것이다.
> 권리금은 상권과 입지조건에 따라서 산정된다. 그만큼 입지와 권리금은 상호 유기적인 관계에 있게 된다. 따라서 상권과 입지조건을 분석할 수 있는 능력을 갖추는 것은 창업실패를 막아주는 보루도 되지만 권리금을 최소화하여 창업자금의 낭비도 막아주는 역할을 함으로 반드시 넘어야 할 산이라는 것을 명심하기 바란다.

(2) 성공창업전략

1) 불황기 창업전략 – 불황기에는 입지가 생명

요즘 같은 불경기에는 소비심리가 위축되어 있다. 입지가 좋은 곳에서 시작하든 나쁜 곳에서 시작하든 누구라 할 것 없이 모두 영업이 부진하다. 사실 현장 상황은 IMF때보다도 더 심각하다.

당연히 점포는 침체에 빠져 있다. 입지조건이 나쁜 경우에는 거의 어떤 방법도 강구할 수 없을 정도로 상황이 안 좋다. 하지만 여기서 반드시 알아야 할 것은 이런 악조건 하에서도 호경기 때보다 전반적으로 매출이 하락하기는 하였지만 입지가 좋은 점포는 여전히 잘되고 있다는 사실이다.

이와 같은 침체기에는 어떻게 해야 하는가? 그냥 손 놓고 좋아지기를 기다려야 하는가? "실패보다 더 나쁜 것은 아무것도 하지 않는 것이다. 실패는 거친 오르막길이지만 무사안일은 죽음으로 가는 내리막길이다." 이 말을 명심하자.

상권과 입지조건이 좋고 그 입지에 맞는 업종선택을 한다면 창업은 성공한다. 불황기에는 특히 입지가 빛을 발하는 것을 기억하자.

2) 불황기 점포운영전략 – 창업자의 자세

얼어붙은 소비자를 잡기 위해서는 직원관리, 고객관리, 상품관리, 자금관리 등 점포관리를 철저히 해야 한다. 그리고 점포 활성화전략이나 회생전략을 끊임없이 강구해야 한다. 이런 운영전략을 시행했는데도 불구하고 3개월 이상 점포의 회생기미가 보이지 않으면 바로 전업이나 매도전략으로 들어가야 한다. 전업이나 매도전략도 점포운영에 있어서 중요한 전략이다.

점포를 운영함에 있어서 가장 경계해야 할 일은 침체에 빠져 있을 때 운영자의 비관적인 행동과 마음가짐이다. 기실 신이 아닌 다음에야 어찌 그러지 않을 수 있겠는가? 하지만 바로 마음가짐이 성공과 실패를 가름하는 척도가 됨을 명심해야 한다.

　실패는 누구든 할 수 있다. 하지만 이 실패를 극복하려는 의지의 차이가 바로 창업성공자로 남는지 실패자로 남는지의 분수령이 된다는 것이다.

제 **2** 장

아이템 선정전략

1. 아이템 개발전략

"돈을 벌 수 있는 뭐 좋은 거 없을까?"

창업 준비자들에게서 자주 듣는 말이다. 도대체 좋은 것이란 무엇을 말하는 것일까? 아마도 편하게 장사하면서 떼돈을 벌 수 있는 그런 것을 의미하는 말이리라. 그러나 과연 그런 게 존재할까? 사실 그렇게 간단히 떼돈을 벌 수 있는 장사란 없다. 그런데도 장사를 하면서 누구는 돈을 벌고 누구는 망한다. 그렇다면 그 이유는 무엇일까? 바로 이 점에 업종선택의 중요성이 내포되어 있다.

돈을 벌 수 있는 업종. 이것은 개인의 소질과 능력에 따라서, 남자인가 여자인가에 따라서 다르며, 나이가 많은지 적은지에 따라서도 달라지지만, 보편적인 돈 버는 업종도 분명 존재한다.

업종선택을 하기 위해서 창업자는 후보 아이템과 관련된 여러 가지 조사를 해야 한다. 그 사업에 대한 시장조사를 하고, 실제 운영사례를 수집해야 하며, 얼마를 투자하고 얼마 정도의 수익을 기대할 수 있는지 과학적으로 분석해야 한다.

아이템을 개발할 때에는 어떤 한 항목만 맞추어 보고 결정하는 것이 아니다. 종합적으로 묶어서 차례차례 파악해 가야 한다.

- 사업할 가치가 있는 아이템인가?
- 사양업종이나 유행업종은 아닌가?
- 아이템이 창업시장 트랜드에 부합하는가?
- 시장성과 사업전망은 있는가?
- 투자대비수익성이 있는가?
- 개인인 경우 개인의 자금력과 적성, 연령, 성별에 적합한가?

아이템의 시장 파악과 차별화 전략 (시장성)

현 운영형태 (입지,규모)	시장 상황	핵심 키워드	주고객층	적정 상권 입지	최소 소요 자금	나만의 차별화 가능여부

첫째, 소자본으로 창업이 가능한 유망업종을 알기 위해서는 먼저 창업시장의 큰 흐름과 그 큰 흐름 속에서 업종들의 작은 변화를 알아야만 한다.

둘째, 과거의 유행업종(이미 사양업종으로 전락), 현재의 유행업종, 앞으로 유행가능성이 높은 업종은 무엇일지를 알고 먼저 제거 작업을 해야 한다. 그런 연후에 기본적인 유망창업 핵심 키워드에 배치되지 않는 업종으로 좁혀 들어가야 비로소 유망한 업종이 윤곽을 드러내게 된다.

셋째, 이렇게 드러난 유망업종을 선정하기 전에 구체적으로 점검해야 할 것이 있는데, 이 업종들의 현재 시장상황과 그 유래를 파악하는 것이다. 유래를 알아야 그 업종에 대한 업그레이드나 틈새 발견이 가능하다.

넷째, 그리고 유래와 현재 시장상황을 검토하여 비로소 자기 자금과 성격 및 연령에 맞는 것을 선정하여야 올바른 아이템선정이 된다.

다섯째, 마지막으로 창업에서 성공하려면 이렇게 선정된 아이템에 맞는 상권과 입지를 찾는데 전력투구해야 한다.

하지만 예비창업자들은 어떠한가? 프랜차이즈 본사나 매체가 어떤 아이템이 좋다면 솔깃해서 무작정 덤벼들거나 자기 자금에 맞는지, 어떠한 입지에 가야 되는지 파악도 해보지 않고 부화뇌동하고 있지 않은가. 이는 매우 경계해야 할 일이다.

2. 창업 핵심 키워드와 유망업종

유망업종을 창업 핵심 키워드에서 찾게 됨은 너무도 당연하다. 창업 핵심 키워드가 무엇인가.

> '합리적', '편의적', '웰빙으로 대표되는 건강 · 환경', '여성', '신세대',
> '유아', '오락', '레져'

위의 핵심 키워드를 제대로 알아야 함은 당연함에도 곡해하여 오히려 실패의 나락으로 빠진 사례도 많다. 이해를 돕기 위해 몇 가지만 설명하고자 한다.

웰빙

웰빙은 그 단어에 국한된 제품이 따로 있는 것이 아니라 기존의 아이템에 웰빙을 접목하여 기존아이템과 차별화하라는 것을 의미한다.

예를 들어 건강식품점을 보자.

지금은 웰빙의 대명사격인 '건강'과 부합하는 건강식품점(생식, 선식, 유기농식품 등)이 되고는 있지만, 이것도 유심히 살펴 볼 필요가 있다.

웰빙이란 단어가 화두로 떠오르기 2~3년 전에도 '건강'이라는 단어는 창업의 핵심 키워드였는데, 이때 이것을 건강식품점으로 오인하여 (매체에서도 건강식품점이 유망하다고 기사화를 하는 등 예비창업자가 오인하는데 한몫을 담당함) 수많은 예비창업자, 특히 건강에 관심이 많은 중년층 예비창업자가 건강식품점을 창업하고 실패를 한 전례가 부지기수였다. 앞으로 '웰빙'이란 화두가 다른 무엇으로 대체될 수도 있다. 그러면 또 한 번 곤경에 빠질 수도 있다는 것이다.

여기서 '건강'이란 기존아이템에 '건강'이라는 기능을 부가시키라는 뜻이다. 즉 기존아이템인 일반고기집이 생삼겹살전문점 ⇒ 매실와인으로 숙성시킨 삼겹살전문점 ⇒ 녹차먹인 삼겹살 ⇒ 키토산 먹인 삼겹살 또는 무항생제 삼겹살전문점 등으로 건강이라는 기능이 부가되어 변화하여 온 것을 말한다.

오락, 레져

'오락, 레져'가 키워드라고 하니까 인라인스케이트 전문점이 유망아이템이라고 계속 매체에 등장하고 그에 따라 창업자가 덩달아 창업을 하고, 그리고 폐업한 경우를 보라.

여기서 '오락·레져'가 키워드라고 함은 주5일근무제의 확산에 따라 여가를 활용하고 즐기려는 경향으로 인해 전반적인 창업시장의 부진에도 불구하고 새로운 트랜드가 형성된다는 뜻이다. 즉 다음과 같은 변화가 있다는 것이다.

— 체험형 여가 시장 확대 : 여행(펜션 사업의 성장 – 현재처럼 전국 토의 펜션화는 아님. 즉 수도권일대와 레저시설에서 가까운 거리에 있는 것은 무방하나 기타 지역은 곤란함), 스포츠, 게임 등
— 사회성 여가 시장의 확대: 자격이나 어학, 전문지식에 대한 교육비즈니스의 성장

— 가사노동 대체 비즈니스의 확대 : 포장이사 대행업, 탁아소, 청소
　 대행업, 각종반찬 서비스업 등
— 기업지원서비스 확대 : IT부문, 컨설팅, 법률서비스, 기획지원서비
　 스, 기술연구 대행서비스 등
— 상품의 엔터테인먼트화 : 상품력보다는 상품에 부수된 서비스나
　 컨텐츠 등 오락 성의 가미

　한편, 위의 핵심 키워드를 활용하여 대성공을 거둔 구체적인 사례를 보자.

　'여성' 이란 키워드는 1998년도 이전에는 여성과 직접 관련 있는 품목만으로 인식을 하였지만 이제는 여성과 직접 관련이 없는 품목도 여성을 고객화하는 방향으로 전환하라는 것이다.

　'뼈다귀해장국' 이나 '쪼○쪼○맥주전문점' 을 보라. 모두 1999년도에 시작되어 불과 몇 년 사이에 대성공을 거두었는데, 그 핵심이 바로 여성을 공략한 데에 있었다.

　여성은 무엇에 약한가. 바로 분위기와 깔끔한 메뉴 이 두 가지다. 따라서 칙칙했던 실내를 깔끔한 인테리어로 분위기를 일신했을 뿐이고 그것이 주효했던 것이다. 이제 여러분도 바로 창업 핵심 키워드를 활용하여 성공하기를 바란다.

3. 유행업종과 사양업종은 피하라

핵심 키워드를 항상 염두에 두고 유망 업종을 찾기 바란다. 중요한 것은 유망업종을 신규업종에서만 찾아서는 안 된다는 것이다. 신규업종에 유행업종이 도사리고 있기 때문이다.

찜닭전문점, 참치회전문점, 매실와인으로 숙성시킨 삼겹살전문점 등이 2002년도 전반기에 무너지기 시작했고, 2003년도 하반기부터는 테이크아웃형 커피전문점과 전문점을 내세운 커피 복합형 전문점 (샌드위치, 생과일아이스크림, 아이스크림, 케이크 등)이 참신한 아이템에도 불구하고 난립으로 인해 부침이 심했으며, 또한 2004년도 들어서 매운 불닭, 가격파괴 삼겹살전문점 등이 불붙듯이 일어나다 사그라진 것에서 보이듯 참신한 아이템도 유행업종으로 전락할 수 있다.

유망업종은 우리가 흔히 접하고, 느끼고, 듣고, 보아왔던 보편적인 업종에 있다. 물론 기존의 것에서 약간의 차별화를 기하는 것은 당연하다. 유망업종이란 수익성이나 성장성, 그리고 안정성을 모두 갖추어야하지만 초보창업자는 무엇보다도 안정성을 우선시해야 창업실패를 막을 수 있음을 명심해야 한다.

이러한 보편적인 업종은 경쟁이 치열할 수밖에 없다. 그렇기 때문에 창업자들이 경쟁관계가 무서워 참신한 아이템을 선호하게 되고, 결국 유행업종에 빠지고 마는 요인이 되고 있다. 이러한 우를 다시는 범하지 않아야 한다. 창업은 어차피 경쟁을 피할 수 없다. 경쟁점포보다 입지우위에 있든지 아니면 점포규모 우위에 있든지 하면 경쟁력을 갖추게 되며, 바로 창업성공의 길로 가게 되는 것이다.

(1) 유행업종

　　일반적으로 유행업종은 도입기에서 성장기와 성숙기를 거치지 않고
곧바로 쇠퇴기로 넘어가버리는 특성이 있다.
　　사업에 실패한 사람 중에는 이러한 유행업종에, 그것도 '막차를 탔다
가 실패' 한 경우가 많다.
　　방송 · 신문 등 언론매체와 인터넷 통신의 발달로 어떤 업종이 좀 된
다 싶으면 마구 보도가 되고 퍼지면서 전국적으로 유행한다. 하지만 몇
달 지나지 않아서 경쟁점포의 난립으로 신종 사업의 생명이 짧아지고
그 사업에 뛰어든 사람은 공멸할 확률이 높다.
　　즉석탕수육점, 조개구이점, 즉석스티커사진자판기업, 인형방, 찜닭전
문점, 불닭전문점, 가격파괴전문점 등이 그랬다.
　　하지만 유행업종인지 유망업종인지는 구분하기가 쉽지 않다. 나중에
일정 기간이 지난 뒤 결과를 보고서야 '아, 이것이 유행업종이었구나!'
하고 깨닫게 되기 때문이다.
　　유망업종과 유행업종은 사업 초기에는 형제처럼, 아니 쌍둥이처럼 모
습이나 행태가 똑같다. 그러니 어떻게 구별하겠는가? 사실 전문가라는
사람들도 확연히 구별하지 못하는데 하물며 초보자들은 너무도 당연한
일이다. 하지만 중요한 것은 사업 초기에 유망업종인지, 유행업종인지
를 구별해내는 일이다.

1) 노하우가 없고 신규참여가 쉬운 업종

　　앞에서 유망업종과 유행업종은 구별하기가 어렵다고 했다. 둘 다 성장
업종이고, 투자대비수익성이 높으며, 안정성까지 있어 보이기 때문이다.

그렇다면 차이점은 대체 무엇일까?

이것만 명심하라. 특별한 노하우가 없어서 신규참여가 쉬운 업종은 너도나도 쉽게 모방하면서 가종 브랜드의 양산을 부채질하고 결국은 품질저하를 초래하여 소비자와 매체 양쪽이 외면 당하고 만다. 유행업종은 이처럼 외면 당하는 순간 바로 도태되고 마는 속성을 지니고 있다.

한편, 신규진입이 쉬워서 전 브랜드가 새로운 브랜드에 의해 도태되는 등 브랜드의 생명주기가 짧아지는 현상을 낳고 있는 것 역시 유의해야 한다. 예를 들어 치킨전문점이나 우동전문점 등을 보라. 이러한 업종이 유행업종이나 사양업종은 아닌데 새로운 브랜드의 탄생으로 인해 전 브랜드는 잠시 잠깐 반짝하다가 사라지면서 많은 점포들이 고전을 하고 있는 것이 현실이다.

향후 창업시장 전망 편에서도 언급했지만 이러한 소비시장의 흐름을 읽는 것은 무엇보다도 중요하다. 더구나 이와 같은 업종은 잘 되고 있는 것처럼 보이므로 더욱 위험하다.

2) 수요의 반복성과 지속성이 없는 업종

어떠한 사업이든 수요에 대한 반복성이 확보되어야 한다. 수요가 없는 공급은 사상누각에 불과하다. 특정한 날이나 특정한 계절에 치우친 아이템은 위험하다. 또한 외식업의 경우에는 간식용이 아닌 주식용 아이템으로 창업해야 한다. 만약 간식용 아이템일 경우에는 주식용 메뉴의 보완이 필요하다.

라면전문점이 크게 성장하지 못하는 주된 이유 중 하나가 바로 이것이다. 소비자는 라면을 주식으로 보는 것이 아니라 간식 개념으로 보고 있다. 당연히 매출의 한계가 발생한다. 메뉴를 보완해도(물론 특화한 라면전문점은 특정 상권에서 장사가 되고 있지만) 간판에서 전달되는 이미지 때문에 고전하고 있다. 이것이 여타 분식전문점과 다른 양상을 보이고 있는 이유이다.

유행업종의 경우 외식업이나 판매업보다는 대부분 오락서비스업에 집중되어 있다. 붐을 일으키는 데는 그만한 업종도 없지만 흥미가 있어야 지속적으로 관심을 가지게 되는데 어느 정도 알고 나면 흥미를 잃는 것이 오락의 속성이자 단점이다.

따라서 지속적인 업그레이드가 가능한 것은 일시적인 유행으로 끝나지 않지만 그렇지 못한 경우는 백이면 백 유행으로 끝나고 만다.

3) 법규에 저촉되거나 국민적 정서에 반하는 업종

'전화방'이나 '성인용품 섹스숍', '성인전용PC방' 등이 대표적인 업종이다. 처음에는 해당 업종을 처벌할 수 있는 법규가 없어서 마구잡이로 생긴다. 하지만 각종 폐해가 발생하는데도 정부가 두 손 놓고 있을 리는 없다. 당연히 법규가 제정되어 처벌한다.

국민적 정서에 반하거나 미풍양속을 해치는 경우에는 아무리 아이템이 좋아도 피하는 것이 좋다.

(2) 유행업종의 창업

이제는 전 업종에 걸쳐서 업종이나 브랜드의 생명주기가 짧아짐에 따라 유행업종화 되고 있는 것이 현실이다. 신규업종이 설령 유행업종이 아니라 할지라도 생명주기가 짧아진 만큼 지금 설명하는 창업방법을 깊이 숙고해야 한다.

여러분들이 꼭 알아두어야 할 유행업종 창업방법은 아래와 같다.

1) 유행업종도 도입초기에 하면 좋다(프랜차이즈 본사가 3~4개일 때)

생활정보지를 생활화하라. 광고를 보면 흐름이 보인다. 프랜차이즈 본사가 1~2개일 때는 좀 더 지켜볼 것. 이때는 유행은커녕 아예 주저앉고 마는 수가 많기 때문이다.

동일 아이템에 브랜드만 달리 하여 동시에 광고가 2개 이상 보이면 이때는 유행업종 말기라는 신호이다.

유행업종 말기증세는 3~4개월 정도 지속되는데, 광고물량이 늘어나고 한편으로는 개업과 폐업이 빈번하게 연출된다. 그럼에도 예비창업자들은 이 시점을 창업의 시기로 오인하여(현장에서는 개업이 눈에 띄게 늘어나고 또 장사도 되는 것처럼 보이며, 매체를 보면 광고가 눈에 띄게 보이므로 창업시점으로 착각함) 실패의 구렁텅이로 빠지고 만다.

이것은 중요한 문제이다. 예전에는 신규업종이 탄생하면 6~9개월 정도 지켜보고 창업을 하는 것이 안정적이라고 하였다. 지금과 같이 빠르게 변하는 시대가 아니었을 때에는 당연한 것이었지만 현시대는 빠르고 빠르게 변한다. 유망업종이라고 하더라도 불과 2~3년밖에 가지 않을뿐더러 유행업종은 불과 1년 이상을 가지 못하고 있다. 그런데 신중을 기한다고 6~9개월 지켜보다가 창업을 하면 어찌 되겠는가? 미처 투자비(여기서는 권리금과 시설비) 회수도 하기 전에 유행이 끝나고 마는 불상사가 발생한다는 것이다.

2) 유행업종이라도 시설비 부담이 적으면 유망업종과 진배없다

시설비가 별로 들지 않아서 나중에 업종을 변경해도 손해가 없는 경

우에는 유망업종이든 유행업종이든 개의치 마라. 장사란 돈을 벌기 위해 하는 것이라는 전제 아래 움직이면 된다.

1998년과 2002년에 발간한 「장사목을 잡아라」, 「창업귀신이 되지 않으면 성공은 없다」란 저서에서, '시설비 부담이 없다면 유행업종이라고 판단되더라도 바로 창업하라' 고 하면서 지금은 사라진 업종이 된 '조개구이점' 을 예로 들었다.

조개구이점은 그 직후에(2002년도 이후) 조개구이전문점으로 재탄생하여 대성공을 거두고 지금도 이어가고 있기도 하다.

이와 비슷한 업종은 또 탄생하고 계속될 것이고 이에 대한 대책이 계속 대두될 것이다. 그리고 그에 대한 대책은 간단하다. 초기에 하라. 시설비 부담이 없다면 바로 하라는 것이다. 또는 시설비 부담이 되더라도 초기에 하면 되는데, 하물며 시설비 부담이 없다면 바로 하라. 유망업종과 진배없다.

3)경쟁력이 있는 아이템은 복합매장화 하라

업종자체는 타 업종에 비해서 분명 경쟁력이 있는데도 불구하고 동일업종의 난립으로 인해 유행업종으로 전락할 우려가 있는 경우가 있다. 이때는 미리미리 유사한 아이템을 개발하여 부가적으로 복합화하라는 것이다.

물론 이는 피해를 최소화하는 차선책이지 최선책은 아니다. 그래서 주력 품목을 훼손하지 않는 범위 내에서 일부 유사품목을 부가적으로 복합화하라는 것이고, 이는 권장할 만한 것은 아니다.

현대는 전문화, 차별화가 생명이다. 이미지를 훼손하는 업종 대 업종 간의 복합점은 매우 위험한 발상이다. 1997년도 이전 호프소주방이 호황이던 시절에도 상권과 입지가 맞지 않아서 매우 고전하던 일부 호프소주방이나 레스토랑이 레스호프(레스토랑+호프소주방)라는 이름으로 복합화하여 매출을 올리고자 했던 적이 있었다. 하지만 그 결과는 참담하였다. 바로 이러한 전례가 복합점의 위험성을 증명하고 있다.

여하튼, 유행업종일지라도 아이템 자체가 신선할 경우에는 점포의 외형은 전문점으로 노출시키되 품목을 복합매장화하여 극복하기 바란다.

4) 유행업종이라도 상권, 입지조건이 좋다면 창업이 가능하다

여기서 바로 입지선정의 중요성이 대두되는 것이다. 비록 유행업종일지라도 상권과 입지가 좋다면 어떻게든 살아남는다는 것이다. 다만 제 값을 하지 못하여 매도 시 아무래도 권리금에서 약간의 손해를 감수해야 한다.

(3) 사양업종

사양업종이란 점점 사라져가는 업종을 말한다.

「정관정요」에 보면 "역사를 아는 자는 무너지는 담장 아래 결코 서지 않는다."란 명언이 있다. 창업도 마찬가지이다. 무너져가고 있는 업종을 선택해서는 절대로 안 된다.

신규업종은 미처 빛도 못 보고 스러지는 경우가 비일비재하다. 대중의 관심을 끌지 못했기 때문이다. 고객의 변화를 미처 따라잡지 못해도 소리 없이 사라지는 운명에 처해지지만, 고객의 변화속도를 너무 앞질러가도 빛을 못 본다. 결국 길만 닦아놓는 것이다. 그러다보니 타이밍을 맞춘 후발업체들만 손도 안 대고 코를 푸는 격이 된다.

분명한 점은 사양업종은 불황업종과는 다르다는 것이다.

불황업종은 경기가 좋지 않은 업종이다. 경기란 돌고 도는 것이다. 사이클이 좋지 않은 업종이란 언젠가는 호황을 맞게 될 업종이라 할 수 있다. 하지만 사양업종은 이미 기울어진 해이다. 기울어진 해가 다시 뜨는 경우가 우리 정치에서 비일비재하다고 창업에서도 그러리라고 생각하지 말기 바란다.

1) 유행업종으로 탄생했을 때부터 사양길이 예정된 업종

신규참여가 쉬운 업종이나 지속성이 없는 업종이 바로 이에 속한다. 아래에 예로 든 업종들은 이미 사양길에 접어들었거나 사라져버린 업종들이다.

노래방, 비디오방, 실내낚시터, 다트장, 실내사격장, 서바이벌 게임장, 즉석 스티커사진 자판기점, 인형방, DDR전문점, 찜질방(최근 다시 성업 중), 휴게방, 조개구이점, 쇠고기뷔페, 최근에는 참치회전문점, 찜닭전문점, 와인(매실)로 숙성시킨 삼겹살전문점, 불닭전문점, 가격파괴 호프소주방, 가격파괴 삼겹살전문점 등이 있다.

2) 시대흐름에 뒤처진 업종이기 때문에 사양길에 접어든 업종

현대는 특히 업종과 브랜드의 생명주기가 짧아지고 있다.

판매업을 보자. 대형 할인점과 대형 백화점의 선진화된 판매 전략으로 인해 소규모 판매업은 점점 설 자리를 잃어가고 있다. 물론 극심한 불경기 탓도 있지만 심지어 생활필수품 취급업소인 슈퍼마켓까지도 무너지고 있는 것이 현실이다. 웬만한 물건은 모두 대형 할인점이나 백화점에서 구입하고 소소한 물건만 슈퍼마켓에서 구입하는 행태가 굳어져 가고 있다.

이와 같은 소비시장의 흐름은 의류업, 문방구류, 액세서리점 등 각종 판매업의 고전을 낳고 있다.

3) 정책변화나 사회적으로 물의를 일으켜 사양길에 접어든 업종

독서실은 1990년대 초까지만 하더라도 매우 잘 되던 사업 중 하나였다. 하지만 초 · 중 · 고등학교의 평가시험을 줄이면서 학생들의 독서실 이용이 미미해져 사양업종으로 전락했다.

물론 독서실은 이 한 가지 요인만으로 몰락한 것은 아니다. 전체적인 생활수준의 향상으로 가정 내 교육환경이 좋아진 것도 한 요인으로 작용했다. 이는 1990년대 후반에 이르러 목욕탕이 몰락한 것과 일맥상통 하기도 하다.

4) 상권에 따라 호황을 누리는 업종

당구장이나 노래방, 비디오방 등은 젊은이가 주류를 이루고 있는 일부 역세권에서는 호황이다. 일반적으로 사양길을 걷고 있어도 상권이나 입지조건에 따라서는 다를 수도 있다. 그만큼 소매업에서는 입지조건이 커다란 비중을 차지한다.

어쨌든 일반 주택지나 아파트단지 같은 상권에서는 업종선택에 신중을 기하여 입지하되 특히 사양업종인지는 꼭 재점검하기 바란다. 정상적으로 영업을 하는데도 잘 되는 업종이 유망업종이다.

4. 아이템의 시장 파악과 차별화전략

유행업종이나 사양업종을 배제하고, 창업시장의 흐름과 창업핵심 키워드에 배치되지 않는 아이템으로 어느 정도 압축이 되면, 이제는 그 아이템이 과연 시장성이 있는가를 파악해야 한다. 그러기 위해서는 아이템의 시장 상황을 파악하고, 과연 내 자신이 그 틈새를 파고들 여지가 있는가(차별화가 가능한가)를 분석해 보아야 한다.

아이템의 시장성을 파악하기 위해서는 먼저 그 아이템의 창업시장 내에서의 위치와 그 아이템의 소비행태를 분석하고, 그리고 기존시장의 현재 상황을 정확히 분석해 내어야 하는데, 기존시장의 운영형태(점포 입지와 규모)와 그 특성(핵심 키워드)을 파악하면 어느 정도 아이템에 대한 시장 파악이 된다.

하지만 아이템의 시장 파악만으로 창업을 할 수는 없다. 즉 내가 그 틈새를 파고들 수 있는가를 보아야 한다. 그리고 다음 항목에서 설명할 내 자신의 적성과 성격, 연령, 성별, 그리고 내 자금에 맞는가를 종합적으로 고려하여 아이템을 선정하고 창업을 하여야 한다.

호프(맥주)전문점을 예제로 보자

주류시장의 소비행태 : 주점문화의 원스톱형화와 차별화

기실 꼬치구이전문점이나 생맥주전문점, 요리주점 또는 민속주점이
나 모두 주류를 취급하고 있다는 점에서 상호 경쟁관계에 있으면서도
각자의 특성대로 공존해 오고 있었는데, 몇 년간의 불경기 심화로 인한
소비트랜드의 변화로 인하여 상호 치열한 경쟁 상태로 돌입되었다. 주
점문화가 원스톱형으로 가고 있기 때문이다.

예전에는 주점문화가 1차, 2차, 3차 등의 차 문화였다.

1차는 주류취급 음식점, 2차는 호프집, 3차는 노래방, 유흥주점 등으
로 순례하는 형태였으나 이제는 주점문화가 취하기 위한 문화에서 즐기
기 위한 문화로 바뀌고 있다. 요즘은 1차에서 모든 걸 끝내고 만다. 2차
라고 해봐야 간단히 생맥주 한잔 할 수 있는 노래방 정도이다.

예전처럼 2차손님이 생맥주전문점으로 유입되는 시대가 아니라서 초
저녁부터 손님을 유입하지 않으면 안 된다. 요즘 주점들은 저녁 6~7시
부터 고객들이 입점하여 저녁식사와 술을 함께하고 있다. 그만큼 주점
수요층이 넓어지고 있다는 것이기도 하지만 반면에 특색 없고 입지가
떨어지는 점포는 폐업위기에 처한다.

종래의 요리주점처럼 다양한 메뉴와 맛으로 승부하거나 생맥주 전문
점처럼 분위기로 승부하는 이분법적인 구분이 무너진 것이다.

생맥주전문점도 분위기 차별화 이외에 다양한 요리와 맛을 내어야만
타 주점 및 동일 생맥주전문점과의 경쟁에서 우위를 갖추게 된다. 이제
한두 가지 요소로 승부하는 시대는 지나갔다는 것이다. 당연히 여기서
도 입지와 점포규모의 우위는 필수적이다.

5. 아이템이 창업자 본인의 능력과 적합한가?

무슨 일이든 자기가 좋아해야 재미있고 적성에 맞아야 일이 쉽게 풀린다. 장사도 마찬가지이다. 유망업종이면서 자기의 적성에 딱 들어맞는다면 더 이상 좋을 수 없지만 그러한 경우는 드문 것이 현실이다.

따라서 적성보다는 관심이 있는 분야 또는 취미가 있는 분야를 선택하는 것이 좋다. 사람들은 제각기 흥미를 갖고 있는 분야가 있게 마련이다. 그리고 흥미가 있다면 자연히 소질도 계발되고 능력도 갖추게 된다.

이와 같이 여러분도 장사를 하려면 소질과 능력을 객관적으로 조명해 보고 그에 맞는 업종을 택하기를 바란다.

한편 남녀 불문하고 창업이 가능하며, 여성창업자들이 더욱 유리하기도 하다. 여성들의 창업 성공률이 75%로 남성의 20%보다 훨씬 높다고 한 미국의 통계조사도 있긴 하지만 굳이 성별에 얽매일 필요는 없다.

다만 창업자 본인의 연령과 성격, 그리고 자금력은 운영형태나 특성에 따라서 적합도가 다르다. 따라서 뒷장의 '호프(맥주)전문점'의 시장 파악과 차별화 전략 예제표를 가지고 설명해 보기로 한다.

(1) 운영형태 1)번 20평과 2)번 40평 이상 호프전문점 창업자 적합도와 상권 입지전략

창업자에게 적합한가를 알기 위해서는 주고객과 최소소요자금(소요자금은 상권과 입지를 알아야 파악 가능함)을 보면 알 수 있다.

운영형태 1)번인 1층 20평대의 주고객은 20대에서 50대까지 다양하

호프전문점의 시장 파악과 차별화전략

현 운영형태 (입지,규모)		시장 상황	핵심 키워드	주고객층	적정상권 입지	최소 소요 자금	나만의 차별화 가능여부
(1)1층 20평대		쪼O쪼O 성공 이후 유사점 난립	입지 + 분위기 + 메뉴	20대~50대 까지 다양	모든 상권 B급지 이상	1억 5천만 원 이상	핵심 키워드인 입지와 분위기, 메뉴의 차별화가 가능하면 경쟁력이 있어서 창업 가능
(2)2층/지하1층 40평 이상		해O피O 성공 이후 유사점 난립	입지 + 분위기 + 메뉴 (중저가+고품질)	20대~30대 초	역세권, 오피스를 끼고 있는 주택가 및 아파트 진 입로변 B급지 이상	1억 5천만 원 이 상	차별화 가능하면 창업 가능
(3)1층 10평대	치 킨 호 프	전통적인 치킨 호프 형태 난립	입지 + 맛	청소년어린이 대상인 것과 20~50대 대상 인 것 등 다양함	-매장중심형 : B급지이상 -매장+배달형 : B급지 -배달중심형 : 입지보다는 상권 중시	-5,000만 원대 이상 가능 -3,000~5,000 만 원대 가능 -1,000~2,000 만 원대 가능	핵심 키워드인 입지와 맛의 차별화가 가능하면 창업
		참나무 장작구이	입지 + 맛	20대~50대	상 동	상 동	상 동
		숯불바베큐	입지 + 맛	20대~50대	상 동	상 동	상 동

다. 따라서 창업자는 연령과 관계없이 할 수 있다. 다만 점포규모가 작은 만큼 매출액에 한도가 있지만 1층이라 접근성과 가시성이 좋아서 안정적이다. 따라서 자금력이 된다면 안정성을 추구하는 40~50대가 더 적합하다.

하지만 운영형태 2)번인 지하나 2층 40평대는 20~30대가 주고객이다. 따라서 창업자도 연령이 비슷해야 좋다. 다만 점포규모가 큰 만큼 매출액은 높지만 2층이나 지하는 1층에 비해 접근성이나 가시성이 떨어져서(1층에 비해 50~60%) 차별화가 되지 않으면 완전히 망할 수도 있다. 따라서 자금력도 되고 20~30대라 하더라도 적극적인 성격의 소유자가 적합하다.

운영형태 1)번과 2)번의 호프전문점의 상권과 입지전략을 보자 .

호프전문점은 1층일 경우에는 주택가도로변 B급지나 역세권 B급지가 가능하지만 지하나 2층 이상일 경우에는 오피스를 끼고 있는 주택가 B급지 이상, 역세권 B급지 이상에서 점포크기도 최소 40평 이상이 되어야 경쟁력이 있게 된다.

음식점은 상호 보완과 경쟁관계에 있기 때문에 중소형음식점의 입지는 반드시 음식점이 모인 곳에서 해야 하는 것에 반해, 오로지 경쟁관계에 있는 호프전문점은 입지전략이 음식점과는 확연히 다르다. 나홀로 독자적인 창업이 가능하며 중간저지전략도 가능하지만 경쟁점포에 비해 입지나 점포크기, 품질, 분위기 등에서 우위에 있어야 가능하다.

(2) 운영형태 3)번의 20평 미만 호프전문점 창업자 적합도와 상권입지전략

치킨호프의 경우인데 이때는 소요자금도 적게 들고, 고객도 10대부터 50대까지 다양하므로 열심히 하려는 자세만 갖추고 있다면 누구나 창업이 가능하다.

이때 적정입지는 매장형인가, 배달형인가, 또는 매장과 배달을 겸하는 형인가에 따라 다를 수밖에 없다.

매장의 경우, 입지가 매출을 좌우한다는 것은 호프전문점의 경우에도 해당되는 사항이다. 최소 주택가상권 B급지 이상, 역세권 B급지 이상에서 해야 하며 반드시 1층에 입점해야 한다. 이 경우 입지전략은 20평 이상의 입지전략과 같다. 즉 경쟁점보다 입지우위에 있어야 한다는 것이다.

하지만 배달형의 경우에는 점포 입지는 그다지 중요하지 않다. 다만 배후지세대수가 많아야 하므로 상권전체를 분석해 가망고객 세대수를 보고 입지하면 된다.

창업적성검사란?

창업적성검사는 창업자 개인의 성격과 능력을 검사하여 창업이 과연 적합한지 여부를 파악하는 창업적합도검사와 개인의 적성, 자아구조, 경영요건의 특성을 분석하여 본인에게 알맞은 업종을 찾아내는 업종적합도검사 두 가지로 분류해 실시한다. 물론 창업 적성검사에 대한 툴은 다양하지만 위의 방법(창업컨설턴트 최중석 소장 사이트를 참조하라)으로 검사하는 것이 좀 더 타당하다.

● 창업적합도검사

첫째, 창업적합도검사는 창업적합성을 검사하는 도구로서 창업을 고려하고 있는 사람을 대상으로 현재 창업이 과연 알맞을 것인지 여부를 파악하는 검사이다.

둘째, 창업적합도검사는 개인의 성격 및 행동특성과 능력의 요인 중 창업성공의 핵심조건인 6가지 요인, 즉 성취도, 인지도, 계획성, 성실성, 대인관계, 문제해결능력의 정도를 검사한다. 즉 창업의지와 자질검사이다.

셋째, 창업적합도검사는 현재 상태를 나타내는 것이므로 검사 후 창업적합도가 낮은 경우 부족한 점수의 신장을 위해 노력하는 데에 그 유용성이 있다.

● 업종적합도검사

첫째, 업종적성도검사는 대체로 개인의 적성, 자아구조, 경영요건의 특성을 분석하여 본인에게 알맞은 업종을 찾아내는 검사도구이다.

둘째, 업종적성도검사에서 적성은 P(사람), T(사물), D(자료), C(창의), M(기계) 등 다섯 가지 특성으로 분류하고, 자아의 구조는 N(양육적), C(통제적), A(이성적), F(아이적), T(순응적)자아로 분류하며, 경영요건(능력)은 전략화, 마케팅, 서비스, 구조화, 기술력 요건에 대한 5가지의 능력으로 분류하여, 업종적성을 찾아내는 것이다.

셋째, 하지만 본 검사는 검사도구와 방법 또한 그 검사결과 유형분류도 다양하여, 적합하면서도 정확한 업종적합도검사 구축이 쉽지 않은 것이 현실이다.

넷째, 따라서 본 검사는 업종선정 시 대략적으로 참고하는 데에 그 유용성이 있다.

6. 유망업종을 잡아라

수많은 업종 중 특별히 뛰어난 업종은 없다. 뛰어난 업종이 있다 하더라도 경쟁업소의 난립으로 인해 결국은 유행업종이 되거나 평이한 업종이 될 것이다.

유망업종이란 참신한 아이템이나 독특한 아이템에 있지 않다.

참신한 아이템은 유행업종으로 전락할 확률이 높아서, 독특한 아이템은 개발한다면 그 이상 좋을 것이 없지만 많은 노력과 시간 그리고 자금이 소요되고, 설령 개발했다고 해도 시장성이 없어 아예 사장될 수 있는 등 위험부담이 커 창업자가 추구해야 할 것은 아니다.

유망업종이란 결국 기존의 업종을 약간씩 변형한 것들이다.

즉 전문화와 차별화를 시킨 것뿐이다. 물론 이 경우 기존의 업종보다 성공할 가능성이 높다. 여기서 안정적으로 성장하는 것이 바로 유망업종이다.

한편 기존의 업종은 붐을 일으켜 짧은 순간에 돈을 모을 수는 없지만 꾸준히 돈을 버는 업종이므로 이 또한 유망업종이라 할 수 있다.

점차 업종주기와 브랜드의 생명주기가 짧아지고 있다. 다시 말하면 도입과 동시에 성장기, 성숙기, 쇠퇴기를 한꺼번에 거치는 경향이 나타나고 있다는 말이다. 따라서 현재의 유망업종도 지속적인 업그레이드가 필요하다.

여하튼 유망업종은 안정성과 성장성, 그리고 수익성이 보장되는 업종에 있다.

(1) 유망업종 판별법

1) 성장 가능성이 있어야 한다

손님들의 욕구와 일치하여 발전할 수 있거나 잠재적인 소비시장이 있어 업종의 주기가 상향곡선에 있다면 유망업종이다. 당연히 성장기에 있는 업종은 좋다.

2) 투자대비 수익성이 높아야 한다

당연히 수익성이 높으면 유망업종이다. 그런데 유의할 것은 장사를 하는 사람들은 종종 이것을 판매단가 대비 수익률로 오인한다는 사실이다. 마진율이 높으면 수익성도 높다고 생각하면 망하는 지름길이다.

마진율은 낮아도 대중성이 있는 품목이 좋다. 장사를 하려면 매출액을 높이는 데 주력해야 한다. 그래야 안정적으로 성장할 수 있다. 특히 불황기에는 더욱 그렇다.

3) 신규참여가 어렵고 경기를 극심하게 타지 않는 업종이어야 한다

노하우가 없는 업종의 경우 시장진입이 쉬워 너도나도 뛰어들 수 있다. 결국 같이 망하는 길로 가지 않던가.

한편 고가품이나 사치품 등은 경기의 흐름에 민감하게 반응한다. 하지만 저가품이나 생필품은 심하게 영향을 받지는 않는다. 경기가 안 좋다 해도 굶거나 옷을 안 입거나 잠을 아무 데서나 자지는 않는다. 따라서 경기를 극심하게 타지 않는 업종이 유망업종이다. 고가품이나 사치품도 일부 지역에서는 매우 잘 된다. 그것은 예외적인 경우에 속하는 것이지 그 업종이 유망업종은 아니라는 점을 염두에 두라.

아이템은 항상 대중성이 뒷받침되어야 한다. 즉 실용성과 가격경쟁력이 있어야 유망하다. 유망업종을 외식업, 판매업, 오락교육서비스업, 기타 소호사업으로 분류하여 살펴보자.

1) 외식업

꾸준히 인기를 끌 것으로 예상되는 외식 사업 아이템은 저가격 전문점과 웰빙, 친환경을 접목한 아이템이다. 주5일근무제의 영향 등으로 소비트랜드 변화와 가사지원업무의 성장으로 인해 반찬, 식재료 등의 배달 전문점사업도 추천할 만하다.

포화 상태인 분식점은 차별화가 필수이며, 그것만 가능하다면 여전히 유망하다. 또한 반찬전문점 등 가사도우미 대행업은 레저여행문화와 맞물려 전망이 좋다.

2) 판매업

판매업 중 선매품은 경기에 가장 민감한 업종 중 하나다. 전반적으로 매출부진이 지속돼 당분간은 어려움이 계속될 것으로 보인다.

당연히 여성과 신세대를 대상으로 하여 할인전략을 구사하는 품목은 전문성과 차별성을 갖추면 성공의 틈새도 있다. 특히 업종 특성상 백화점, 대형유통점, 대형 쇼핑센터와 경쟁을 해야 하므로 창업 시 경쟁업체와의 거리 등 위치 선정에도 상당한 신경을 써야 한다.

생필품 역시 전반적으로 대형업체로 인해 고전하겠지만 입지선정을 잘 한다면 여전히 소자본으로 창업하기에 적합하다.

3) 서비스업

서비스업은 말 그대로 '생산과 동시에 소비되면서 부가가치를 제공해 주는 사업'이다.

따라서 고객이 어떤 서비스를 필요로 하는가에 따라 업종이 세분화되고 있으며, 소득수준이 향상될수록 건강, 미용, 편의성, 전문성 등을 추구하는 사업이 성장할 것이다. 이러한 서비스업 창업의 중요한 포인트는 본인의 기술력과 전문성 그리고 탁월한 서비스에 달려 있다. 본인의 능력을 재고하여 아이템을 선정하여야 할 것이다.

다만 기계장치사업(오락실, PC방 등)은 입지와 점포규모에 의해 매출이 결정되므로 특별한 능력을 요하지는 않는다. 돈을 요구할 뿐이다. 기계장치사업은 대형화 추세에 있다. 대형점으로 한다면 성공한다.

교육서비스업 분야는 선진교육시스템의 구축이 필수이다. 세분화, 차별화가 지속적으로 이루어지고 있으며, 고객의 요구수준도 높다. 또한 어린이 놀이방 등은 교육과 오락성을 동시에 만족시켜 주어야 하는 등 교육사업은 지식기반사업의 대표적인 분야이다.

어린이전용미용실, 베이비시터파견업, 전문미용업(피부마사지나 네일 아트 겸함), 남성 미용실도 고려해 볼만한 아이템이다.

4) 소호형 사업

소호형 사업이 사업성적인 측면에서 아직까지 그다지 밝지는 않지만, 소자본 창업자들 특히 젊은이들은 한번쯤 도전해볼 만하다.

(3) 업종특성과 입지

입지와 업종, 장사에서는 이 둘의 궁합이 맞아야 성공할 수 있다. 어떤 경우에도 입지와 업종은 떨어져서는 안 된다. 아무리 유망한 업종이라도 입지선정에서 실패하면 그대로 끝이다.

먼저 업종을 미리 정하고 입지를 선정하는 것과, 입지를 먼저 정하고 업종을 선정하는 것에는 미세한 차이가 있다. 입지선택 후 업종을 선정하면 상권을 파악할 수 있으므로 당연히 그 과정에서 어떤 업종이 잘 되는지 알게 되어 그 상권의 특성에 맞는 업종을 고를 수 있고, 점포 입지조건에 맞추어 자연스럽게 세부 품목까지 선정할 수 있다.

한편, 노하우가 필요한 전문점은 업종선택 후 입지를 고른다. 자격조건이 필요한 업종이나 노하우가 있는 전문성을 갖춘 업종은 일반적인 업종과는 다르다. 이런 경우에는 그 전문점의 특성에 맞추어 입지를 고른다.

예를 들어 안경전문점이나 여성의류전문점 등의 경우는 그 업종의 특성상 많은 사람들이 지나가면서 볼 수 있는 곳에 위치해야 한다. 이것은 역세권이든 주택지든 마찬가지이다. 즉 도로변에 위치해야지, 먹자골목 등으로 들어가면 좋지 않다는 이야기이다.

이와 같이 유망 업종일지라도 그 업종특성에 맞추어 입지를 선정해야 한다.

업종분포를 보면 호·불황 업종이 보인다

업종분포는 상권과 입지조건 특성과 맞물려 가기 때문에 어느 업종의 분포도가 높다면 그만큼 그 상권에서는 그 업종군이 잘 된다는 뜻이다.

일반적으로 외식업은 한 상권에서 외식업이 50% 내외를 차지하고 있을 때 들어가야 좋고, 판매업 중 선매품(선매품이란 가격이나 품질, 형태, 브랜드 등 여러 가지를 상호 비교한 후 구매 결정하는 품목이다. 여성의류 등이 이에 속한다)은 대략 40%~50% 내외로 밀집해 있어야 잘 된다. 하지만 서비스업이나 생필품은 그 반대이다. 서로 경쟁할 뿐 상호 보완관계에 있는 것이 아니기 때문이다.

한편 어느 상권에서 외식업의 분포가 50% 이상이어서 일단 외식업이 잘 되리라 판단하고 분식점을 하려고 하는데, 분식점이 너무 많다면 어떻게 해야 할까?

물론 주고객 및 유동인구의 대다수가 청소년층이라면 큰 문제가 아니지만 그밖의 상권에서 음식점 중 30~40% 이상이 분식집이라면 심사숙고해야 한다. 상권력에 비해 같은 업소가 너무 많으면 경쟁이 심해질 수도 있다.

무조건 동일, 유사 업종이 많다고 경쟁이 심해서 어렵지 않을까 하는 아마추어 같은 생각은 버려라. 아이템에 따라서 다르다는 것을 알아야 한다. 위에서 보듯이 서로 보완이 된다고 모여 있는 곳에 가더라도 경쟁점포에 비해 경쟁우위에 있어야 함은 당연하다.

경쟁력이란 아이템에 따라 중요도가 다르지만 모든 아이템에 걸쳐 공통 필수인 것은 입지나 점포규모이다. 경쟁점포에 비해 입지우위에 있든지 점포규모 우위에 있든지 해야 한다는 것이다.

보완업종이란 업종간의 관계가 바늘과 실처럼 상호 도움을 주는 관계에 있는 업종이며, 경쟁업종은 상대 업종의 존재를 부인하는 업종으로, 특히 서비스업이나 생필품은 동일 업종 간에 경합관계에 놓인다.

호혜업종이란 같은 업종이 같은 지역에 많으면 많을수록 잘 되는 업종을 말한다. 이들의 공통점은 전문용품이며, 대체로 가격이 비싸고 요모조모 따져보고 비교하는 상품이며, 먼 거리에서도 찾아오는 상품이라는 점이다. 따라서 대개 전문시장으로 형성되는 경우가 많다.

이와 같은 보완업종이나 경쟁업종 및 호혜업종 분류가 절대적인 것은 아니다. 상권의 규모에 따라서는 보완업종 간에도 경쟁이 될 수 있다. 상권이 작을 때는 특히 그렇다. 예를 들어 주택지 상권에 가구점과 혼수용품점이 있다면 상호 경합관계에 놓일 수 있다는 것이다. 반대로 경쟁업종도 상권의 규모가 클 때는 경쟁관계가 해소될 수도 있다.

보완업종이나 경쟁업종 및 호혜업종은 상권규모와의 관계를 제쳐놓고 언급되어서는 소용없는 일이란 것을 알고, 여러분은 항상 상권분석에 온 열정을 바치기를 바란다.

상권의 특성에 따라 호황업종군이 있음을 알고 바로 그 호황업종군 속에서 세부업종을 선택하되, 그 업종이 보완관계인지 경쟁업종인지 아니면 보완과 경쟁이 동시에 이루어지는 업종인지를 알고 경쟁점포와의 경쟁력 유무를 따져 입점하면 후회 없는 업종선택이 될 것이다.

업종별 상권과 입지전략

　모든 업종은 그 업종에 맞는 상권과 입지가 있다. 역으로 상권, 입지조건에 따라 거기에 맞는 업종이 있다. 즉 도심권인가, 역세권인가, 아니면 아파트단지 내나 주택가인가에 따라 한 업종이더라도 호황일 수도 있고 불황일 수도 있다. 또한 역세권이지만 그 상권이 의류업이 잘 되는 상권인지 아니면 유흥 오락업이 잘 되는 상권인지 등 상권마다 특성이 다르다. 업종선택은 그 상권의 특성에 맞추어야 한다. 한편 입지조건에 맞아야 한다는 것은 한 상권 안에서도 자기 점포의 입지조건에 따라서 다시 세부품목을 골라야 한다는 뜻이다.

　여기서는 위의 설명과 반대인 업종에 따른 상권과 입지를 보기로 한다.

— 판매업 중 여성의류와 같은 선매품과 베이커리 같은 패스트푸드점은 입지가 매출을 결정하므로 모든 상권 도로변 A급지가 좋다.

— 생필품은 B급지에서 하되 경쟁점이 없는 곳에서 해야 좋다.

— 맛으로 승부가 가능한 전문외식업은 대로변 B급지, 먹자골목 A급지나 B급지가 알맞다.

— 또한 분식점 등 일반외식업은 B급지 이상에서 해야 한다.

— 서비스업중 PC방 등 기계장치업은 A급지든 B급지든 상권의 특성에 맞게, 자금 규모에 맞게 들어가면 좋다. 단 서비스업은 최근에는 점차 대형화, 차별화가 중요한 핵심 포인트란 것은 유념하기 바란다.

— 한편, 카센터등 기술위주의 서비스업은 C급지에서 해도 무방한 유일한 아이템이다.

이와 같이 업종마다 그에 맞는 상권과 입지를 택해야 한다.

7. 소자본 창업이 가능한 업종

소자본으로 창업이 가능한 업종?

이는 조금은 모호하지만 모든 창업자들이 궁금히 여기고 있는 사항이기도 하다. 흔히 창업에 있어서는 1천만~2천만 원 대부터 2억 대까지를 소자본으로 분류해 놓고 있지만, 여기에서의 소자본은 말 그대로 5,000만 원 내지 3,000만 원 이하의 자금을 말한다. 또한 창업자 대부분이 이 정도의 자금을 가지고 있기도 하다.

따라서 이 자금으로 가능한 업종을 분석할 필요성이 높다. 하지만 역설적으로 이 정도 자금으로 창업성공을 하기란 매우 어려운 것이 현실이기도 하다.

창업에 있어서의 핵심이 무엇인가? 논의의 필요도 없이 그 업종에 꼭 맞는 입지와 점포크기이다.

어떤 업종은 반드시 A급지에서 창업해야만 성공할 수 있다든지, 또 어떤 업종은 점포가 최소한 20~30평 이상이 되어야만 한다든지 하는 경우가 있는데, 이때에 연관되어지는 것이 바로 자금이다.

자리가 좋다든가 점포가 크면 대체로 자금이 많이 들어간다. 특히 입지에 의해서 소요자금이 결정된다. 소자본을 가지고 있는 사람은 자리가 좋고 점포가 커야만 되는 업종에, 다시 말해 자금이 많이 소요되는 업종에 공연히 눈을 돌릴 필요가 없다.

소자본으로 가능한 업종들이 대체로 무엇인지를 알아둘 필요가 여기에 있다. 그래야 실전에서 압축하여 집중적으로 분석하고 판단하여 결정할 수가 있고, 그렇게 해야만 창업성공에 한발 더 다가서게 된다.

업종별로 꼭 필요한 입지와 점포크기!

그것만 안다면 바로 자기자금으로 창업이 가능한지 불가능한지 알 수 있게 되고, 쓸데없는 헛수고나 창업실패를 미연에 차단할 수 있게 된다. 매 강의 때마다 강조하는 것이 바로 이것이다.

예를 들어 스포츠용품점이 하고 싶다고 자기자금에 맞추어서 B급지에서 한다면 바로 창업실패로 낙착이 되고 만다. 스포츠용품점 같은 선매품은 어느 상권에서든 최고의 자리 즉 A급지에서 해야만 한다. 때문에 점포구입비가 만만치 않은데 이때 자기자금으로 벅차다면 아무리 스포츠용품점을 하고 싶어도 바로 포기하고 다른 업종을 해야만 한다.

그러나 현장에서 보면 많은 분들이 이러한 경우에 업종을 포기하지 않고 무엇을 포기하는가 하면 바로 점포입지이다. A급지가 아닌 B급지에서 그 업종을 한다는 뜻이다. 이 경우 경쟁점에 비해 경쟁력이 없게 된다. 이래서 창업실패자가 되고 마는 우를 범하고 만다.

위의 차이점을 반드시 이해하여야 한다.

(1) 5,000만 원대 이하의 자금으로 창업이 가능한 업종

5,000만 원대 이하의 자금으로 창업이 가능한 업종은 외식업과 생활필수품, 그리고 소규모 용역서비스업이다

첫째, A급지를 요구하는 선매품은 불가능하다.

둘째, 대형화를 요구하는 기계장치서비스업도 불가능하다.

1) 외식업
특별한 노하우가 있는 전문음식점(고기류 전문점, 해물칼국수 등)과

노하우가 없는 일반 음식점(분식점 등)으로 나뉘는데, 이 둘은 입지선정에 차이가 있다.

여기서의 분류는 산업분류표에 의한 것이 아닌 업종의 특성에 따른 분류이다. 앞으로 설명하는 업종분류는 모두 이에 따라 분류한 것임을 주지하라.

전문음식점은 주택가 B급지 정도에서 해도 충분하다. 맛이라는 요소가 영향력이 크기 때문이다 이 경우에 20평 정도에서 한다고 하더라도 점포구입비와 시설수리비를 합하여 5,000만 원 내외로 가능하다.

분식점 같은 일반음식점은 입지가 중요하다. 매출이 거의 이 입지에 의해서 결정되어진다고 보면 된다. 따라서 되도록이면 A급지에서 해야 하는데 역세권의 경우 권리금만도 1억대라서 5,000만 원으로는 창업이 불가능하며, 역세권 B급지도 역시 불가능하다. 때문에 주택가 A급지가 아닌 B급지에서 하게 되는 것이 현실인데 이때는 성공이 보장되지 못하는 단점이 있다. 당연히 어떻게 입지선정을 하느냐가 아주 중요해진다.

자금이 부족하다면 차라리 전문외식업을 하라. 입지가 매출을 결정하는 분식점 같은 경우는 좋은 입지를 가지 못하면 실패할 확률이 높지만, 맛으로 승부가 가능한 전문외식업은 입지가 떨어지더라도(그래도 어느 상권이든 B급지에 입지해야 함) 맛으로 승부가 가능하기 때문이다.

2) 소규모 용역서비스업

서비스업은 최근 들어서 대형화 추세에 있기는 하지만 그래도 아직은 그 틈새가 있다. 즉 기술력과 전문성이 요구되는 소규모 용역서비업이다.

기술력이 요구되는 카센터, 공작기계, 가구점 등과 전문성과 차별화가 요구되는 어린이 영어회화학원, 어린이 놀이방, 어린이 전용미용실 등이 가능하다. 또한 베이비, 실버시터파견업도 가능하며, 여성과 관련 있는 전문화된 미용업도 좋고, 건강 및 다이어트 관련서비스업도 할 수 있다.

(2) 3,000만 원대 이하의 자금으로 창업 가능한 업종

3,000만 원대 이하의 자금으로 창업 가능한 업종으로는 소호형 사업과 배달전문점이다.

소호형 사업이 사업성적인 측면에서 아직까지 그다지 밝지는 않지만, 소자본 창업자들 특히 젊은이들은 한번쯤 도전해볼 만하다.

유망 아이템으로는 온라인상이나 카탈로그를 통해 주문 판매하는 온라인 주문판매업이나 특정 정보를 생산 및 가공해 그 정보를 공급하는 콘텐츠공급(CP)사업 등이 있다. 이러한 업종은 재택근무도 가능하기 때문에 거동이 불편한 사람도 창업이 가능하다.

쇼핑몰사업과 정보제공업

요즈음 소호창업을 하려는 예비창업자들이 고민하는 문제 중 하나가 바로 무엇을, 어떻게 창업해야 하는가 하는 문제이다.

실전 창업에 앞서서 중요한 것은 창업에 대한 다양한 정보를 습득하는 것이다. 요즘은 주로 어떤 창업아이템이 인기를 끌고 있으며, 향후에는 어떤 아이템이 유망한지에 대한 정보를 수집하는 단계인데, 이를 위해서 인터넷을 이용하여 창업정보를 전문적으로 제공하는 사이트를 방문하여 필요한 정보를 얻을 수도 있으며, 각종 창업서적이나 창업전문 잡지를 이용할 수도 있다.

모든 사람들이 알고 있다시피 앞으로의 시대는 인터넷시대이기는 하지만 쇼핑몰 사업이나 정보제공업이 사업성이 보장되는 것은 아니다. 개인 사업자는 엄청난 경쟁 속에서 수익을 내는 것이 만만치 않은 것이 현실이다.

쇼핑몰사업도 특화, 전문화는 기본이고 거기에다가 마케팅능력이 요구된다. 당연히 그 사업에 대한 깊은 지식과 경험이 있어야 좋다. 정보제공업 역시 마찬가지이다. 전문화된 정보를 제공해야 함은 기본이고 수익모델 창출이 관건이 된다.

― 인터넷쇼핑몰

인터넷쇼핑몰은 경쟁이 치열해지면서 이색서비스와 상품으로 '승부수'를 던지려는 쇼핑몰들이 늘고 있다. 인터넷쇼핑몰은 최근 전자상거래시장 활성화와 주5일 근무제 확산과 부업을 준비하는 사람들의 창업 열풍이 더해져 더욱 늘어나는 추세이다.

하지만 저렴한 자본과 인력만으로 구축과 운영이 쉬운 만큼 '생존 경쟁'도 치열하여 새로 생겨나는 쇼핑몰 상당수가 1년을 채 넘기지 못한 채 시장에서 퇴출의 길을 걷는 경우가 많은 것이 현실이기도 하다.

인터넷 쇼핑몰 개설 시에는 방문판매등에관한법률에 근거하여 통신판매업의 신고를 하면 된다. 방문판매등에관한법률 및 전자거래기본법, 인터넷사이버몰이용표준약관, 전자거래소비자보호지침, 소비자보호법 등에 따른 각종 규정을 참고하여 사업하되 그렇다고 지나치게 얽매이지는 마라.

부가가치세법에 의한 사업자등록은 사업개시일로부터 20일 이내에 사업장소재지 관할 세무서에 등록하면 된다. 자택을 사업장으로 한다면 재택사업장으로 사업자 등록을 하면 된다.

정보제공업은 차별화된 정보 및 전문적인 정보를 보유하고 있다면 소자본으로 창업이 가능한 업종이다. 하지만 성공확률이 매우 낮은 것이 현실이다.

8. 점포크기에 따른 적정업종

(1) 점포크기는 업종, 상권의 규모, 수익성을 고려하여 결정하라

점포가 무조건 크다고 좋은 것은 아니다. 업종에 따라서는 오히려 점포가 작을수록 좋은 경우도 있다.

점포가 크다면 임대료와 인건비가 작은 규모의 점포보다 훨씬 많이 들어간다. 그런데 그 상권의 규모가 일정 매출액 이상으로 오르지 않는 한계가 있다면, 점포가 큰 것이 수익성을 떨어뜨리는 원흉이 되기도 한다. 따라서 점포크기는 업종과 상권의 규모, 수익성을 고려해서 정해야 한다.

상권의 규모가 크다면 점포크기는 커도 좋다. 그러나 상권의 규모가 작다면 당연히 점포크기는 그 상권규모에 맞추어야 한다. 매출액은 점포크기에 비례해 올라가지 않는다는 것을 명심하라. 곧 일정 수준 이상의 점포크기는 오히려 수익성을 떨어뜨린다는 뜻이다.

(2) 점포크기가 작으면 손익분기점을 낮출 수 있는 업종을 하라

수익이 발생하려면 우선 손익분기점을 넘겨야 한다. 결국 수익을 발생시키려면 임대료와 인건비, 기타 재료비 등의 총비용을 줄이든가, 아니면 매출액을 높이든가 둘 중 하나이다.

총비용을 적게 들인다는 것은 결국 점포크기를 작게 하고 임대료, 인건비를 줄여야만 가능하다.

점포가 작으면 손익분기점을 낮출 수 있는 업종이 좋다. 만일 10평 미만의 점포에 인건비와 기타 경비가 많이 드는 업종, 즉 손익분기점이 높은 업종이 들어간다면 어떻게 될까? 당연히 손익분기점이 높아져 그만큼 매출액을 높여야 한다는 부담이 따른다. 하지만 작은 평수의 점포에서 올릴 수 있는 매출액에는 한도가 있다. 그러니 손해를 보지 않는 방법은 손익분기점을 낮추는 방법밖에 없다. 즉 인건비와 고정지출비를 줄여도 되는 업종을 하면 된다.

이러한 업종은 무엇인가?

주인 스스로 할 수 있는 업종이거나 특별한 노하우가 필요 없는 업종이 이에 속하며, 또한 손이 덜 가는 업종도 이에 속한다. 그런 것에는 분식점, 액세서리점처럼 고정비 특히 인건비 지출이 적은 소규모 음식점이나 판매업, 기타 소규모 용역서비스업에 많다.

(3) 점포가 크면 매출액을 높일 수 있는 업종이 좋다

점포가 30평 정도로 크다면 매출한도액은 거의 무한하다고 할 수 있다. 점포가 작으면 매출한도액이 생기지만, 점포가 크면 얼마든지 손님을 맞이할 공간이 있기 때문에 매출한도액이 없다.

매출액을 높일 수 있는 업종, 즉 상품 객단가(외식업으로 치자면 테이블 당 단가)와 상품회전율(테이블회전율)이 높은 업종을 해야 하는데 바로 대중성이 있는 업종이 바로 그것이다.

물론 인건비 등 고정비 지출을 낮추어 손익분기점을 낮추는 것도 필요하지만 30평이라면 업종을 불문하고 종업원 2~3명은 필요한 크기이다. 다시 말하면 손익분기점을 낮추는 데에 한계가 있다는 뜻이다.

따라서 매출을 높이는 데 주력해야 하고, 그런 업종이 들어가야 한다. 매출액을 높인다는 것은 점포를 작게 해서 총비용을 줄이는 것보다는 점포를 크게 해서 총비용은 늘더라도 그보다 더 매출액을 높이는 것이 수익성에서 좋다는 뜻이다.

이러한 업종으로는 대중적이면서도 기본적으로 종업원이 필요한 업종이거나 전문점이 해당된다. 호프소주방, 대형 패스트푸드점, 기타 전문식당과 전문의류매장 등이 이에 속한다. 특히 전문점은 어느 정도(최소 20평 이상) 점포가 커야 좋다.

점포가 클수록 투자대비 수익률이
좋은 업종도 있다

점포가 일정 규모 이상으로 크면 매출액 증가율이 떨어져 투자대비 수익률 또한 떨어지는 것이 일반적이지만, 오히려 점포가 크면 클수록 투자대비 수익률이 좋은 업종도 있다.

예를 들어 분식점, 한식당, 각종 의류점 같은 판매업, 오락 및 스포츠 관련 용품점 등은 각 업종에 적합한 크기를 넘어서면 매출액의 증가율이 둔화되는 경향이 있다. 고객이 무한한 것은 아니기 때문이다. 따라서 투자대비 수익률이 떨어진다.

하지만 점포가 크든 작든 고정비 지출이 비슷한 경우에는 그렇지 않다. 즉 점포가 크든 작든 손익분기점이 비슷한 경우에는 점포가 클수록 좋다. 대표적인 업종으로는 바로 고시원과 독서실이 있다. 고시원은 유망한 업종이고 독서실은 사양업종이라는 차이는 있지만 말이다.

예를 들어보자.

고시원의 경우, 70평이 됐든 100평이 됐든 또는 150평이 됐든 고정비용은 비슷하게 들어간다. 월세에서 차이가 나는 것 이외에는 큰 차이가 없는 것이다. 인건비도 비슷하게 들고 각종 잡비도 비슷하게 든다. 그런데 순수익은 엄청나게 차이가 난다. 월 매출액이 다르기 때문이다. 화장실, 사무실, 휴게실 등은 비슷한 크기로 들어간다. 그리고 그 나머지 평수가 수익과 관계가 되는 룸이 있는 것이다.

이처럼 고시원 같은 곳은 일정 크기를 넘어서야 월 순이익이 높아진다. 그래서 70평 이하 고시원을 하게 되면 설령 시설 권리금이 싸더라도 매출에 한계가 있어 고생만 하게 된다.

9. 점포층수별 적정업종

　1층에서는 어느 업종이나 거의 다 잘 된다. 하지만 무조건 1층이 좋은 것은 아니다. 보증금, 권리금, 월세도 비쌀 뿐만 아니라 굳이 1층이 아닌 곳에 더 어울리는 업종도 많다. 대체적으로 오락이나 휴식을 취하려는 사람들은 1층보다는 2, 3층을 선호한다. 그래야 발소리, 말소리, 자동차 소음 등으로부터 멀어질 수 있기 때문이다.

　지하 1층, 지상 2, 3층은 역세권이든, 대학가든, 아파트단지든, 주택지든 업종에 제한이 따를 수밖에 없다. 일단은 손님이 접근하기 어렵기 때문에 1층에 비해 음식점이나 판매업은 어렵다. 특히 판매업은 더욱 어려운 업종에 속한다.

　동일 조건, 동일 아이템일 경우에 1층과 지하 1층, 지상 2층의 이용률을 보면 1층이 접근성과 가시성에서 얼마나 유리한가를 알 수 있다. 즉 층수가 올라 갈수록 접근성과 가시성이 떨어지는 만큼 수확체감의 법칙이 작용한다는 것이다.

구　분	이 용 률	권 리 금	비　고
1층 점포	100%	100%	
2층 점포	50%	60%	
지하 1층	60%	50%	

*이용률은 지하가 2층보다 높은데도 불구하고 권리금이 낮은 것은 지하1층에 대한 수요가 적기 때문이다.

(1) 1층 : 대부분의 업종

자금만 충분하다면 사업은 1층에서 하는 것이 좋다. 장사도 지하 1층이나 지상 2~3층에 비해 훨씬 낫고, 나중에 점포를 정리할 때 매매가 수월하면서도 권리금을 제대로 평가받기 때문이다.

특히 판매업은 반드시 1층에서 해야 한다. 1층은 구매빈도가 높은 업종이 입지해야 좋다. 쇼윈도의 진열상태나 각종 모델이 한눈에 들어와서 구매충동을 일으키는 의류점, 액세서리점, 화장품점 등은 1층 입지가 너무도 당연한 것이기도 하다.

(2) 지하 1층, 지상 2~3층 : 오락·유흥관련 업종 및 서비스업 등

지하 1층과 지상 2층이나 3층은 1층에 비해 임대가와 권리금이 싸다. 하지만 뚜렷한 목적을 가진 고객만 이용하는 단점이 있다. 이런 곳에는 판매업은 적절하지 않기 때문에 대개 호프집이나 주점, 노래방, 당구장, 오락실, 커피숍, 만화방 등 오락 유흥 관련 업종이 자리 잡는다.

특히 주택지의 경우 지하 1층은 슈퍼마켓, 방앗간, 중화요리점 등이 1층과 경쟁할 수 있는 업종이며, 2~3층은 병원이나 의원, 한의원 및 각종 학원 등 서비스업이 주로 맞는 업종이다.

서비스업은 규모의 경제가 적용되므로 일정규모 이상의 점포크기가 요구된다. 또한 2층, 3층으로 올라 갈수록 불편하더라도 서비스의 질에 더 가치를 느끼는 업종, 즉 고객의 체류시간이 긴 서비스업종으로 승부해야 된다.

외식업도 2층이나 지하 1층에서 하는 경우가 종종 있다. 초보자는 어렵겠지만 노하우가 있는 전문점의 경우는 좋은 점도 많다. 우선 1층에 비해 저렴한 비용으로 넓은 점포를 구할 수 있어서 실내 분위기에 따라서 매우 잘 된다. 하지만 뜨내기손님을 받기에는 적절치 못한 장소이므로 초보자가 이런 곳에서 외식업을 하려면 신중히 생각해보고 결정해야 한다.

지하1층, 지상2~3층 점포는 점포구조가 중요하다

지하 1층, 지상 2~3층의 경우 계단이 중요하다.

계단은 반드시 전면에서 경사가 완만해야 하며 계단별 높이 또한 15cm를 넘지 않는 것이 좋다. 특히 2층의 경우에는 입구 계단이 반드시 건물의 전면에 있어야 하며, 옆에 있거나 뒤에 있으면 피하는 것이 좋다.

또한 유의할 점은 지상 3층 이상은 엘리베이터가 없을 경우 저항감 때문에 동일업종의 2층에 비해 경쟁력이 떨어진다는 사실이다. 따라서 3층 이상은 특히 경쟁업소와의 관계를 면밀히 분석하여야 한다. 잘못하면 돌이킬 수 없는 수렁에 빠지므로 신중해야 한다.

3층의 경우에 특히 맞는 업종은 고시원이나 독서실 및 기원 등으로 제한된다. 물론 역세권의 경우에 동일건물내의 업종구성이 상호 보완되는 경우에는 관련업종을 해도 무방하다. 예를 들어 1층, 2층에 유흥주점이 있다면 3층과 4층에서 PC방이나 당구장을 해도 된다는 것이다.

10. 신고 및 허가업종

창업하려는 업종이 관련법에 의해 신고 및 허가가 필요한 업종인지 여부를 파악한 다음 점포를 구해야 한다. 이 점을 소홀히 하다가 엉뚱한 피해를 입는 황당한 일은 당하지 말아야 한다.

신고 및 허가업종은 법적으로 정해진 일정한 요건을 만족해야 한다. 업종에 따라서는 일정 점포크기를 요구하는 경우가 있고, 청소년 유해업소일 경우에는 학교와의 거리가 중요한 심의기준이 되어 허가 여부를 결정짓기도 한다. 또한 건물 사용용도에 따라서, 용도지역에 따라서 허가를 제한받는 경우도 있다.

모든 영업행위는 기본적으로 아무런 제약 없이 자유롭게 할 수 있다. 다만 국민의 의무인 납세의무가 있으므로 당연히 세무서에 사업자등록을 해야 한다.

보통의 자유업은 사업자등록만 필하면 되는데, 경우에 따라서는 누구나 할 수 없도록 묶어놓고서 요건을 구비해야만 규제를 풀어주는 업종이 있다. 이것이 곧 '허가 업종'이다. 이러한 허가업종을 신고만으로 완화하고 있는 추세에 있기도 하다.

업종 특성상 서비스업이나 판매업은 허가 업종이 적으며, 절차도 간단하다. 하지만 사행행위 등 행정규제가 필요한 업종이나 의약품처럼 전문적인 지식과 자격을 요하는 업종, 담배, 양곡과 같이 유통질서 확립이 필요한 업종, 그리고 공중위생과 관련되어 있는 외식업과 기타 풍속을 해칠 수 있는 일부 오락 · 유흥업종은 허가를 득해야 한다.

외식업은 1999년에 공중위생법이 폐지되고 공중위생관리법으로 대체되면서 거의 모두 신고업종으로 전환되었고, 유흥주점 등만이 허가업종으로 남아 있다. 단, 신고업종이라고 하더라도 일정 요건을 구비해야 하는 것은 똑같다.

(1) 일정 점포크기를 요구하는 신고, 허가업종의 경우

신고, 허가업종 중에는 최소 크기를 두어 난립이나 부실을 막는 경우가 있고, 최대 크기를 두어 사치풍조 등을 막는 경우도 있다.

― 노래연습장은 룸의 한쪽 크기가 1.2m 이상 되어야 하며, 오락실은 바닥 면적이 40㎡(약 12.2평) 이상 되어야 하고, 최대 크기에는 제한이 없다. 당구장은 1대당 16㎡(약 4.8평) 이상 되어야 한다.

― 독서실은 사무실 10㎡(약 3평), 열람실 120㎡(약 36.4평) 이상 되어야 하며, 보습학원은 사무실 10㎡, 강의실 70㎡(약 21평) 이상 되어야 한다. 한편 속셈학원은 신규허가가 나지 않지만, 기존의 속셈학원은 당연히 그대로 할 수 있다. 피아노학원이나 미술학원은 사무실 10㎡, 강의실 90㎡(약 27평) 이상 되어야 한다. 여기서 학원과 교습소는 시설기준이나 자격요건이 다르다는 것도 알아두기 바란다.

(자세한 것은 교육구청에 문의)

(2)청소년 유해업소의 경우

청소년 유해업소의 범위는 사실 매우 헷갈린다. 당구장이나 노래연습장은 유해업소일 것 같은데도(당구장은 청소년 유해업소에 포함되어 있

었으나 지금은 아니다) 유해업소가 아니고, 컴퓨터게임장은 유해업소가
아닐 것 같은데도 유해업소에 포함되어 있다.

당연히 유흥주점 등은 청소년 유해업소라는 것이 확실한데, 그 외의
업종은 규정이 자주 바뀌므로 관할 관청에 문의해보는 것이 좋다.

청소년 유해업소일 경우에는 신고나 허가관청 이외에 교육구청의 '학
교환경위생 정화위원회'의 심의를 거쳐야 된다.

학교를 중심으로 반경 50m 이내인 '절대 정화구역'에서는 유해업소
의 허가가 불가능하며, 200m 이내인 '상대 정화구역'은 심의를 거치면
허가가 가능하다. 여기서 그 거리기준은 학교 정문이 아니라 담장을 기
준으로 한다는 것과 직선거리라는 것도 알아두자. 업종에 따라서는 이
러한 심의기준이 여러 가지 복잡한 문제를 야기하기도 한다.

개별적·구체적인 사항은 해당관청에 문의하고 난 후에 점포를 구하
기 바란다.

(3) 건물 사용용도와 용도지역에 따라서 허가 제한받는 경우

건물 사용용도란 주거용인지, 점포용인지, 사무실용인지, 근린생활시
설용인지 그 사용목적에 따라 구분한 것을 말한다. 건물사용 용도변경
은 건물주가 구청에 신청하면 대개의 경우 용도변경이 가능하여, 웬만
한 업종은 허가제한을 받는 경우가 드물다.

다만 어린이와 노인을 보호하기 위한 시설은 교육연구 및 복지시설
용도라는 별도의 용도가 충족되어야 허가가 나온다. 어린이집, 놀이방
등이 이에 해당된다.

용도지역이란 주거지역인지, 상업지역인지, 공업지역인지, 녹지지역

인지 그 토지의 용도에 맞게 지정한 것인데, 상업지역에서는 허가제한 업종은 없다고 보아도 무방하다. 1종 유흥주점의 허가를 한때 제한하기도 했으나 이는 허가를 제한했다기보다는 그 수를 제한했다고 보아야 하고, 최근에는 1종 유흥주점의 허가도 풀어주었다. 여하튼 상업지역이 아닌 곳은 유흥주점 등의 허가가 제한받는다.

(4) 불법건축물로 인해 허가가 나지 않는 경우

위와 같이 눈에 보이는 사항은 모두들 유의하기 때문에 문제가 발생하는 경우는 드물다. 그러한 것보다는 눈에 보이지 않는 곳에서 문제가 야기된다. 즉 그 건물이 불법건축물인지 아닌지를 건축물관리대장에 의해 확인해야 한다.

건축법을 위반한 불법건축물 이외에 주차장 시설을 다른 용도로 사용할 경우에도 불법건축물로 지적하는 등 규제가 강화되고 있다는 사실을 명심해야 한다. 불법건축물로 지적된 경우에는 어떠한 업종도 허가가 나지 않으며, 기존의 영업장도 업종변경이나 명의변경이 되지 않는다.

한편 지하층의 경우에는 소방시설의 유무를 필히 살피고, 건물 전체의 정화조 용량도 알아두면 좋다. 전기용량이 필요한 업종의 경우에는 계약전력도 미리 점검해 보아야 한다. 하지만 필요하지도 않은 업종인데도 불구하고 지나치게 세세히 따지다가 좋은 점포를 구해야 될 시점을 놓치는 우는 범하지 마라.

구 분	관 련 업 종	담 당 관 청
신고업종	어린이 놀이방, 어린이집 등	구청 가정복지과
	세탁편의점, 식육판매업, 이·미용실, 일반음식점	구청 위생과
	노외주차장	구청 교통행정과
	에어로빅장, 체력단련장, 볼링장, 골프연습장, 테니스장, 수영장, 당구장, 체육도장	구청 구민생활과
	노래연습장	경찰서 지도계
	만화방	경찰서 소년계
등록업종	인터넷게임방, 컴퓨터공부방 등 음반 및 비디오 유통업	구청 문화공보과
	속셈학원, 컴퓨터학원, 피아노학원, 미술학원 등 각종 학원, 독서실	교육구청 사회교육계
허가업종	유흥주점, 숙박업	구청 위생과
	의약품 도소매업	보건소 보건의약과

*허가사항이 완화추세에 있으나 신고나 등록업종 역시 일정요건을 갖추어야 함은 허가와 별다른 차이가 없음. 때문에 등록, 신고, 허가 구분에 대한 관청의 인식은 같음.

*업종을 선정한 후에 이에 대한 규제 여부는 해당관청에 문의 필요.

제 3 장

입지선정전략

1. 입지선정의 중요성

입지는 장사의 성패를 결정하는 절대적인 요인이다. 입지가 성공의 60~70%를 좌우한다고 해도 과언이 아니다. 매번 강의 때마다 강조하지만 실제 창업자들이 어려워하는 부분이기도 하다. 각종 창업전문가 양성과정이나 프랜차이즈전문가 양성과정에서 24시간 이상 강의를 해도 부족한 것이 이 과목이다. 그만큼 쉽게 정복되지 않는 과목임을 이해하고 어렵더라도 차근차근 한 발씩 접근하려는 자세가 요구된다.

그렇다면 좋은 점포를 구하려면 어떻게 해야 할까?

우선 상권을 파악해야 한다. 상권 전체의 성쇠 여부를 파악해야 한다는 것이다. 상권 자체가 쇠락의 길로 가고 있는데 혼자만 잘 될 수는 없다. 그러므로 상권 전체의 활성화 정도와 특성을 파악한 이후에 개개 점포의 입지조건을 분석하여 입지의 좋고 나쁨을 가린다.

한 상권 내에서도 좋은 위치의 점포라면 상권의 범위가 넓으나 장소가 나쁘면 상권의 범위는 매우 좁다. 한편, 같은 위치의 점포라도 업종에 따라서 상권의 범위가 달라진다. 도시의 구조에 따라서 거주지 부근, 부도심, 도심 등으로 구분할 수 있는데, 식품이나 일용잡화는 거의 거주지 부근에서 구입하고, 전문품의 경우에는 부도심 등 도심 의존도가 높다. 이와 같이 업종과 품목에 따라서 사람들의 이동거리가 다른 것은 소비자들의 소비패턴이 다르다는 것을 의미한다. 당연히 소자본 점포 창업의 경우 이와 같은 소비자들의 소비패턴까지 파악해야 올바른 입지선정이 이루어질 수 있다.

즉 업종과 품목에 따라서 주고객층과 구매주기가 다르며, 그에 따라 소비행태가 다르게 나타나게 되어 상권이 다를 수밖에 없다는 것이다. 그래서 업종별 핵심 키워드와 입지전략을 알아야 하며, 바로 이것이 창업의 핵심이다.

흔히 생필품은 '1차 상권의 범위가 반경 500m 이내' 또는 선매품은 '반경 1km이내' 라는 말을 하는데, 이것은 그 업종이 어떤 제약도 받지 않은 상태일 때에 가능한 최대 상권의 범위를 말한다. 하지만 실제 상권의 범위는 그렇게 넓지 않다. 실제로는 상권전체의 범위가 상권단절요인에 의해서 결정되듯이 한 점포에 오는 배후지세대는 전체상권의 범위 내에 있는 모든 세대수가 아니라 상권단절요인에 의해서 단절이 된 일부 배후지세대이다.

이와 같이 상권은 자연적인 지형지세나 장애물시설, 편의시설에 의해서도 달라지며, 업종별로 점포크기나 구조에 따라서도 달라진다.

실제로 장사에 실패한 사람들은 대부분 사업 아이템이 잘못되었다기보다는 입지선정에 문제가 있었던 경우가 많다. 입지선정을 잘못하면 쓰러지는 것은 불을 보듯 뻔한 일이다. 조금만 알고 해도 그렇게까지 실패하지는 않는다.

이제 이렇게 중요한 입지선정에 대해 알아보기로 하자. 가장 기본적인 것만 설명을 해도 어려운 것이 바로 이 상권 입지조건분석이다.

중요한 것은 입지선정의 경우 사전에 그에 관한 지식이 있는 사람이든 문외한이든, 독립점포를 하려는 사람이든 프랜차이즈 가맹점을 하려는 사람이든 직접 발로 뛰면서 눈으로 확인해야 한다는 점이다.

2. 입지선정 절차

점포창업을 하려는 사람들 대부분이 점포 구하기가 어렵다고 하소연하곤 한다. 사실 이론을 안다 하더라도 어디에서부터 어떻게 해야 할지 막막하기 그지없을 것이다. 막상 점포를 몇 군데 보았다고 하더라도 그 점포가 좋은지, 업종과 맞는지, 권리금은 합당한지 등등 비교 분석하여 결정하는 것이 매우 어렵다. 때문에 많은 사람들이 여기에서 그만 창업을 접고 만다. 이제 여러분은 그러한 우를 범하지 마라.

(1) 선정한 업종에 맞는 입지와 점포크기를 숙지하라

가맹점이라면 이러한 부분이 본부에 매뉴얼화되어 있겠지만 아직은 없는 곳도 많으므로 창업자 자신이 파악해야 한다.

창업컨설턴트나 누구의 도움 없이 스스로 파악하려면 우선 가맹점 또는 경쟁점들의 상권과 입지, 점포크기 그리고 일 매출액 등을 비교 검토해 보면 대략적인 윤곽이 나올 것이다.

그래서 여러분에게 강조하고 강조하는 것이 바로 업종별 입지선정과 상권의 범위, 그리고 최소 점포크기를 파악하라는 것이다.

앞에서 언급했지만 모든 업종은 그 업종에 맞는 상권과 입지가 있다. 음식점이라면 일반음식점과 전문음식점의 입지가 다르며, 판매업은 생필품과 선매품의 입지가 다르고, 서비스업은 소규모 용역서비스업과 대규모서비스업의 입지가 각기 다르다.

김밥전문점을 예로 보자.

김밥전문점은 젊은이들이 많이 움직이는 역세권 B급지 이상이 가장 좋고, 다음으로는 중하층이 거주하는 주택지의 가장 낮은 곳(대개 재래시장을 끼고 있는 진입로변) B급지 이상이 좋으며, 아파트단지는 그 진입로변이 좋다. 이러한 업종은 특별한 노하우가 없는, 즉 맛을 찾아오는 업종이 아니므로 점포 입지가 매출을 결정한다. 입지가 좋아야 하는 업종이기 때문이다.

한편, 상권은 반경 500m 이내로 좁다. 물론 실제로는 내 점포에 오려는 고객의 접근성과 가시성을 막아버리는 요소들(자연지형물, 인공지형물, 장애물시설, 그리고 카센터나 공작기계 등 C급지에 분포되는 업종들, 기타 은행이나 주유소 등) 때문에 상권의 범위는 매우 협소할 수 있다.

즉, 점포 부근에 세대수는 많지만 실제 내 점포를 이용하는 고객은 바로 앞 일부 세대로 한정되어지는 수가 많다는 것이다. 바로 이 점이 상권과 입지조건분석을 하는 이유이기도 하다.

김밥전문점의 점포는 구태여 크게 할 필요는 없다. 10평 내외면 가능하다. 하지만 전문음식점의 경우는 20평 이상이 되어야 좋다.

(2) 어느 상권에서 할 것인지 정하라

점포선정의 첫 단계는 어느 상권에서 할 것인가를 정하는 것이다. 무작정 이곳도 기웃, 저곳도 기웃할 수는 없으니까 말이다. 우선 어느 상권에 어느 업종이 맞는지 파악하여 상권을 몇 군데로 축소해야 한다.

1) 점포는 집과 40~50분 이내가 좋다

점포가 집과 너무 멀리 떨어져 있으면 좋지 않다. 특별한 사유가 없는 한 40~50분 이상 걸리는 곳은 피하라. 40~50분 이내의 거리 안에도 상권은 많다. 집과 점포가 멀면 여러 가지 문제가 생긴다.

2) 상권을 몇 군데로 압축하여 집중적으로 파악하라

집과 가까운 곳에 어떤 상권이 있는지를 알아보라. 여러분이 어디에 살고 있든지 그 주변을 둘러보았을 때 가장 먼저 눈에 띄는 곳이 바로 주택지 상권이다. 그리고 조금 멀리 역세권이 몇 군데 보일 것이다. 바로 이들 상권에 내가 들어갈 점포가 있는 것이다. 하지만 상권마다 일일이 찾아다니다보면 오히려 집중력과 판단력이 흐려질 수 있으므로 상권을 축소하여 집중적으로 파악해야 한다. 이것은 반드시 지켜야할 사항이다.

이렇게 차근차근 상권을 검토하면서 총투자비용과 자기 자금을 맞춰 보면 어디에서 해야 할지 대략 정해진다. 여기에서 중요한 것은 상권파악을 정확히 해야 한다는 점이다. 번성하는 상권인지 아니면 쇠퇴하는 상권인지 상권파악을 한 뒤에 입지조건을 파악하라.

점포 매물정보는 부동산중개업소, 생활정보지, 인터넷사이트, 창업전문가를 이용하되 장단점을 활용하는 지혜가 필요하다.

(3) 업종과 자기자금에 맞는 입지의 현장 점포를 조사하라

어떤 업종이든 최소한의 입지와 점포크기가 있다고 했는데, 바로 이 입지와 점포크기에 의해서 점포구입비가 어느 정도 되는지 알 수 있다.

그런 후 가맹비나 인테리어비, 집기비등 총 투자비가 자기자금과 맞으면 비로소 확실히 진행하라. 즉 현장에서 그 업종과 자금에 맞는 입지의 점포를 조사하라는 것이다.

(4) 상권분석과 입지조건분석을 실시하라

1) 현장조사는 먼저 상권분석을 하여 상권전체가 번성하는 상권인지 아니면 쇠퇴기 상권인지를 면밀히 파악해야 한다. 점포는 한번 자리를 잡으면 다시 바꾸기가 쉽지 않다. 따라서 점포를 선정할 때에는 현재의 상권도 중요하지만 장기적인 상권의 변동사항도 고려해야 한다. 상권전체가 번성하는 상권에서 점포를 구하는 것은 너무도 당연하다 할 것이다.

2) 점포 입지조건분석은 그 상권 내에서 점포가 위치하고 있는 조건을 분석하는 것이다. 접근성과 가시성을 기준으로 하여 조사하되 반드시

발로 뛰어야 정확하게 분석이 된다는 것을 명심해야 한다.

3) 상권 내 업종분포도를 조사한다. 세부업종선정을 위한 참고자료로
삼기 위해서다

4) 경쟁점포를 조사한다. 의류점이나 음식점 등은 경쟁점포가 있어도
상호보완적인 작용을 하므로 무리가 없으나 생필품이나 서비스업은 경
쟁점포가 있으면 불리하다.

(5) A급 점포를 판별하라

A급 점포가 무엇인가.

입지조건이 좋으면서 권리금이 싼 점포, 같은 입지조건에서 권리금이
싼 점포를 말한다. 입지조건이 서로 틀리는 경우는 경험자는 점포크기
까지도 감안하여 결정하고, 초보자는 점포가 작더라도 입지조건이 좋은
곳을 택해야 한다.

(6) 점포계약 전에 예상매출액 추정 등을 통해 사업타당성 분석을 실시하라

예상매출액 추정이나 사업타당성 분석은 상권입지조건분석을 하게
되면 당연히 도출된다.

투자대비 수익률이란,

월 순수익 ÷ 총 투자비용(보증금 + 권리금 + 시설비 등) × 100%

일반적으로 수익성이 있다고 말할 수 있는 투자대비 수익률은 월평균 3% 정도이다. 보통 3% 이상이면 사업타당성이 있다고 판단한다. 3년 내 투자비를 회수할 수 있기 때문이다.

(7) 점포계약을 체결함으로써 비로소 점포구하기가 완료된다

계약을 할 때는 먼저 점포주와 점포권리 양도계약서를 작성하는데 여기서 점포에 관련된 제반사항(보증금과 월세, 권리금, 제세공과금 등 정산문제, 비품목록 등)을 적시하여야 좋다. 그리고 점포권리 양도계약 중도금이나 잔금 시에 건물주와 점포임대차계약을 체결하는 것이 일반적이다.

물론 입지가 좋지 않은 곳은 권리금 자체가 미미한 수준이므로 바로 건물주와 임대차계약을 체결하기도 한다.

3. 상권 입지조건분석 기초이해

(1) 상권, 입지, 입지조건과 입지선정 개념

1) 상권
① 좁은 의미의 상권 :어떤 사업을 영위함에 있어서 대상으로 하는 고

객이 존재해 있는 시간적, 공간적 범위

② 넓은 의미의 상권 :모여 있는 상가전체의 공간적 범위

2) 입지

입지주체가 정한 장소(정적, 공간적 개념)

3) 입지조건

입지주체가 입지목적을 달성하는데 있어서 입지의 자연적, 사회적, 행정적 제 조건을 입지조건이라 하며 입지선정의 기준이 됨

4) 입지선정

입지주체가 입지장소를 선정하는 데에 있어서 상권분석과 입지 조건 분석 등 일련의 작업과정과 그 결과(동적, 공간적, 시간적 개념)

(2) 상권과 입지조건의 상관성

좁은 의미의 상권이란 어떤 사업을 영위함에 있어서 대상으로 하는 고객이 존재해 있는 시간적, 공간적 범위를 일컫는다. 상권은 점포가 위치하고 있는 조건(입지조건)에 따라서 범위가 달라진다. 따라서 이때는 상권과 입지조건이 서로 맞물리고 있고 실제로도 같은 의미로 혼용해서 사용되고 있기도 하다.

(입지조건의 원래 뜻은 입지주체가 입지목적을 달성하는데 있어서 입지의 자연적, 사회적, 행정적 제반 조건을 말한다.)

상권은 위의 경우처럼 개개 점포의 상권 범위의 뜻으로도 사용되고

있지만 한편으로는 다음의 의미로도 사용되고 있다는 것을 유념하기 바란다. 상가가 형성되어 있는 범위 전체, 즉 A급지, B급지, C급지의 합을 넓은 의미의 상권이라 한다.

(3) 상권분석과 입지조건분석의 상관성

입지선정을 위해서는 반드시 지켜야 될 것이 있다. 상권분석을 먼저 하고, 입지조건분석은 그 뒤에 해야만 제대로 된 점포를 구하게 된다는 것이다. 즉 넓은 의미의 상권분석을 먼저 하고 좁은 의미의 상권분석(입지조건분석)은 뒤에 해야 한다는 것이다. 상권분석은 상권 전체의 성쇠 여부를 파악하는 것이고 입지조건분석은 개개점포의 성패 여부를 파악하는 것이다.

상권분석은 입지조건 분석 이전에 그 상권 전체가 죽은 상권인지 번성하는 상권인지 등을 파악하기 위한 것이다. 당연히 번성하는 상권에 들어가야만 하며, 이때 개개 점포의 입지조건 분석을 하여 입지조건이 유리한 점포를 얻어야 한다. 이는 숲을 먼저 보고 한 그루 한 그루의 나무는 나중에 보는 것과 같은 이치이다.

한편으로는 상권과 입지조건 분석을 동시에 묶어 상권분석이라고 하기도 하는데, 이런 경우에는 상권 자체의 번성 여부를 놓치고 개개 점포의 입지조건만 분석할 확률이 높다. 실제 상권 자체는 쇠락의 길을 걷고 있어도 자기 점포의 입지가 워낙 좋아서 장사가 잘 되는 경우가 없지는 않다. 하지만 상권 자체가 죽으면 개개 점포도 머지않아 같은 운명에 처하게 되는 것은 불을 보듯 뻔하다. 그렇기 때문에 상권과 입지조건은 구분하여 분석하는 것이 좋다.

물론, 상권전체가 죽어도 내 점포의 입지만 좋으면 가능한 아이템이 있다. 생필품과 서비스업이 그것인데, 경쟁점과의 경쟁력유무를 따져서 입지하면 가능하다. 하지만 서비스업이나 생필품의 경우에도 되도록이면 상권전체가 좋은 데서 점포를 구해야 한다.

상권입지조건 파악 시에 특히 중요한 것은 상권을 끊어버리는 요인들을 현장에서 발로 뛰면서 정확히 조사하는 것이다. 일반 업종들은 상권을 끊는 요인들이 매우 많아 그만큼 입지선정이 어렵다.

4. 상권분석 – 상권력과 상권특성 분석 이렇게 하라

(1) 상권의 번성도(상권력) 분석

> ● 상권의 규모 및 상권의 번성도(상권력) 분석 : 지형지세, 점포 숫자, 배후지세대, 교통망 연계성 및 도로조건 등 파악, 기타 대형편의시설 및 장애물시설 유무 파악
> ● 상권의 특성 분석 : 유동인구, 거주인구연령, 성별, 소비수준, 생활방식 및 상품의 구매행동 파악

상권은 지형지세에 의해 거의 결정된다. 즉 높고 낮은 곳 중 낮은 곳에 상권이 형성된다. 낮은 곳은 도로가 지나가며, 대개 교통망이 확충되어 있어 유동인구가 저절로 모이므로 상권이 형성되는 것이다. 게다가 대형편의시설 등을 끼고 있으면 상권이 더욱 활성화 된다.

상권의 번성도(상권력)를 파악하는 이유는 상권이 번성한 곳에서 소비하려는 사람들의 심리 때문이다. 애초에 상권력이 약한 곳에 입지한

다는 것은 바로 실패로 귀결된다는 셈이다. 모두가 죽는데 나만 살 수는 없다.

이와같이 점포끼리 경쟁을 하기 이전에 먼저 상권끼리 경쟁을 하게 되는데 상권력이 강한 곳에 약한 상권이 죽게 되므로 가장 먼저 할 일이 바로 상권전체의 성쇠여부를 파악하여 약한 상권을 피하는 일이다.

상권력은 모여 있는 점포 숫자가 많을 때, 대형편의시설을 끼고 있을 때 강하다. 그런데 이러한 곳의 지형지세가 바로 '낮으면서도 저절로 모이게 되어 있는 곳'이다.

1) 지형지세 등 지리적 조건 분석

대개 상권의 형태는 지형지세에 의해 이루어진다. 언덕배기 등 경사진 곳은 상권 형성이 어려운 지형이다. 경사진 곳은 유동인구가 흘러가므로 버스정류장이나 교차사거리가 이런 곳에 있다면 오히려 좋지 않다. 심지어 지하철역도 이런 곳에 있다면 상권형성이 매우 어려운 것이 현실이다. 이를 간과하면 실패로 귀결될 수밖에 없다는 것을 명심해야 한다. 단순히 유동인구가 많다고 좋은 것으로 착각하지 말아야 한다는 것이다.

그렇다면 어떠한 곳이 번성하는 상권의 지리적인 조건을 갖춘 곳인가?

바로 높고 낮은 지대의 낮은 곳이다. 이런 곳은 비가 오면 물길이 한쪽(낮은 쪽)으로 몰리듯이 사람들 역시 낮은 곳으로 몰린다. 당연히 이곳은 또한 교통망 확충이 잘 되어 있으며 그 지역의 각종 편의시설, 예를 들어 시장이나 극장, 예식장, 은행 등이 집중되어 있다.

이와 같은 원리가 적용되는 보도 양쪽에 상권이 형성되어 있을 경우 조금이라도 보도가 낮은 곳이 좋다. 보도가 높은 곳이나 보도보다 조금이라도 높은 곳에 점포가 있으면 접근성에서 불리하다. 더불어 한 건물에서도 지상 2층보다는 지하 1층이 이용률이 더 높다

피해야 할 상권은 경사진 곳이나, 높은 곳, 그리고 편평한 곳이다. 경사진 곳이나 높은 곳은 근본적으로 상권이 형성되지 않는다. 그리고 도시계획 등으로 인해 높고 낮은 곳 없이 편평하게 밀어버린 시 외곽지역 대단위 아파트단지나 신도시 등은 상권의 번성이 어렵다. 이런 곳은 사통팔달로 시원하게 뚫려버려서 사람들 통행 역시 한 곳으로 몰리지 않게 되어 제대로 된 상권 형성이 어렵다. 또한 배후지 세대수에 비해 상업지역이 곳곳에 분포되어 있어서 점포수가 너무 많은 것이 상권의 성장을 막은 중요한 원인 중의 하나이긴 하다. 신도시 상권들은 서로 상권력이 비슷하여 적은 배후지세대를 나누어 먹기 때문에 모든 상권마다 장사가 안 되고 있다. 당연히 신중에 신중을 기해야 한다.
물론 신도시상권처럼 상권이 좋지 않다고 하더라도 20% 내외의 입지조건이 좋은 곳은 장사가 된다. 하지만 이런 곳을 찾아 입점하기가 쉽지 않기 때문에 예비창업자들은 일단 상권전체가 좋지 않은 곳은 피하라는 것이다. 반대로 상권이 좋다는(역세권 등) 것은 80% 내외가 장사가 잘되고 20%내외가 안 되는 곳을 말한다.

2) 점포 숫자, 배후지세대 분석

지형지세에 의해서 상권이 결정되는 것은 앞에서 보았다. 여기서 한 가지 더 부가적으로 살펴보아야 할 것이 모여 있는 점포 숫자나 배후지

세대에 의해서 상권력을 파악해 볼 수 있다는 것이다. 앞으로 설명할 교통망, 도로조건과 대형편의시설 등도 역시 연계해서 동시에 분석한다.

상권력이란 모여 있는 점포 숫자가 많을 때, 대형편의시설을 끼고 있을 때 강하다고 하였다. 역세권을 보라. 점포 숫자가 많고, 대형편의시설을 끼고 있다. 기존도시에서는 이미 이 상권력에 의해서 힘이 강한 곳은 도심권이나 역세권으로 성장하고, 힘이 약한 곳은 주택지상권으로 주저앉아 서로 균형과 질서를 유지하고 있다.

주택지상권에서도 상호 상권력이 다르게 나타나는데, 모여 있는 점포 숫자에 의해 상권력이 다르다. 점포 숫자가 많다는 것은 배후지세대수가 많다는 것을 의미한다. 이처럼 점포 숫자와 배후지세대 또는 이용고객수와는 상호 유기적인 관계에 있다.

하지만 도시외곽지역의 대단위 아파트단지나 지방도시의 대단위 아파트단지는 신규상권으로써 처음에는 성쇠여부가 드러나지 않으며, 상권끼리의 경쟁이 매우 심하게 벌어지고 있다.

도시외곽지역의 대단위 아파트단지나 지방도시의 대단위 아파트단지가 조성되면 반드시 그 일대에 상업지역이 기획, 조성된다. 이러한 곳이 과연 성장할 것인지 아니면 그대로 주저앉고 말 것인지를 분석하는 일은 그야말로 매우 중요하다. 자칫 이런 곳에 입지하면 힘 한번 써보지 못하고 죽고 말기 때문이다.

3) 교통망 연계성 및 도로조건

상권은 교통망 등의 변화에 의해 번성하기도 하고 쇠퇴기에 빠지기도 한다. 특히 지하철과의 연계 여부는 상권의 성쇠와 밀접한 관계가 있다. 여기서 지하철역 주변상권이 모두 좋다는 것이 아님을 반드시 알아 둘 필요가 있다. 상권이 번성하려면 지하철 등 대중교통망 연계성이 좋아야 하는 것이 당연하지만 그렇다고 충분조건은 아니라는 것이다.

지하철역도 경사진 곳은 유동인구가 흘러가고, 지하철역 사거리가 8차선 이상이 되면 상권의 단절현상이 벌어져 상권이 약화된다. 대부분의 지하철역이 이렇다. 즉 상권이 좋지 않다.

4) 대형편의시설 및 장애물시설 유무 분석

어떤 상권이든지 상권이 번성하는 곳은 그 지역의 중심지이다. 그 지

상권은 오른쪽보다는 왼쪽이 낫다

쉬어가기 08

상권은 오른쪽보다는 왼쪽이 낫다. 당연한 이야기이다. 어느 쪽으로 통행을 하느냐의 문제가 아니라 어느 쪽으로 시선을 돌리느냐의 문제이기 때문이다.

대개 먹자골목을 보면 양쪽으로 상가들이 형성되어 있다. 그런데 대부분의 사람들이 들어가는 방향(반대방향에서는 많이 들어오지 않는다), 즉 주동선에서 보았을 때 오른쪽보다는 왼쪽에 있는 상가가 더 잘 된다.

우리는 어렸을 때부터 좌측통행에 길들여져 왔고 횡단보도를 건널 때에도 먼저 왼쪽부터 살핀다. 이러한 것이 습관이 되어 골목을 걸으면서도 왼쪽을 먼저 살피게 된다. 단, 이러한 왼쪽 선호는 사통팔달인 곳에서는 상관이 없고 주로 주택지 상권 등과 먹자골목 일부에서 통용될 뿐이다.

역의 중심지에는 또한 각종 편의시설이 집중되어 있다. 양자가 서로 밀고 당기면서 커가는 것이다. 은행, 쇼핑센터, 대형 의류점 등이 있는 곳은 대부분 좋은 상권이다. 하지만 학교나 운동장시설 등은 상권을 분할한다. 당연히 이러한 것이 있는 곳은 좋지 않다.

대형편의시설 상권분석과 입지전략

첫째, 대형편의시설 자체의 상권력, 즉 집객력을 면밀히 검토해야 한다. 일반 상권에서는 개개인의 능력에 의해서 상가를 운영할 수 있는 여력이 있지만, 대형편의시설 내 입점은 그렇지 못하다. 대형편의시설 자체가 상권력이 없으면 죽는다. 개인의 능력이 아무리 뛰어나도 대형편의시설 내에 고객이 없는데 장사가 될 리 없다.

대형편의시설의 상권력은 대중교통, 특히 전철역과 연계되어 있어야 강하다. 또한 업종구성이 전문화되어 있어야 하며, 자체 홍보력과 운영계획이 명확해야 한다.

쇼핑센터 내 입점선택은 매우 신중해야 한다. 잘못하면 그대로 주저앉고 만다. 1998년에 미아역과 수유역 사이에 쇼핑센터가 문을 열었다가 그대로 문을 닫은 일이 있었다. 위의 조건 중 어느 것 하나 제대로 된 것이 없었던 대표적인 경우인데, 이러한 경우는 수도 없이 많다. 노량진역과 장승배기역 사이에도 쇼핑센터가 있었다. 그러나 이곳도 마찬가지이다. 지금은 일시적인 할인행사 장소로 사용되고 있다.

둘째, 대형편의시설 내 입점은 상가의 양쪽 끝이나 다음 상가가 좋으며, 줄지어 있는 상가의 가운데나 상가가 서로 교차한다면 코너에 있는 상가가 좋다.

셋째, 상가의 막다른 끝은 피하라. 그러나 상가의 맨 끝이 다른 통로와 연결되어 있다면 손님이 회유하면서 집결지 구실을 하므로 매우 좋다.

(2) 상권의 특성 분석

1) 상권 내 유동인구와 거주인구 분석

도심권과 역세권 및 대학가상권은 유동인구의 특성이 그대로 반영되어 상권이 형성되어 있다. 다시 말하면 그 상권에 유입되고 있는 유동인구의 연령층, 남녀구성비, 소비행태 등에 의해 각 상권마다의 특징이 나타난다. 따라서 이곳의 상권분석과 그 특성분석은 그다지 어렵지 않다.

실제 상권분석이 어려운 경우는 아파트단지와 주택지 상권이다. 이곳은 그야말로 일일이 그 지역 지역마다 상권분석을 해야 한다. 그 지역 거주인구의 소득수준, 인구수 및 세대수, 교육 정도, 주거형태, 소비행태, 연령층, 남녀구성비 등에 의해서 상권 특성이 각기 다르기 때문이다. 당연히 이것은 매우 어렵다.

2) 유동인구와 상권 분석

단순 유동인구조사는 오히려 상권분석의 왜곡을 낳을 수 있다. 그 유동인구가 오로지 흘러가는 곳이라면 대부분의 점포가 장사가 안 된다. 유동인구 조사 시 가장 먼저 보아야 할 것은 그곳의 유동인구가 과연 모이는지 아니면 흘러가는지다. 흘러가는 곳은 상권형성이 어렵기 때문에 일단 제외해야만 올바른 입지선정을 할 수 있다.

흘러가는 곳에서는 오로지 저가전략을 구사해 점포 접근성을 높여 극복할 수밖에 없다. 유동인구가 흘러가는 지하철역 앞 점포에 다른 업종은 장사가 안 되는데도 불구하고 화장품할인점이 되는 것을 보았을 것이다. 바로 이 경우이다.

흘러가는 곳은 다음과 같다.

(3) 상권 유형별 분류와 특징

상권은 특성도 다르고 변화도 각기 다르다. 당연히 상권분석은 필수
적이다. 하지만 상권이 어디 한둘이던가? 너무 많아서 개개의 상권을
분석하는 데에만 몇 년이 걸릴지 모른다. 그러나 범위를 넓혀보면 형태
와 특징이 비슷한 상권들로 묶어서 볼 수 있다.

즉 도심권, 역세권, 대학가, 아파트단지, 주택지 상권 등 5가지로 분
류해 볼 수 있다. 여기에 대형 사무실 밀집지역 등을 포함할 수도 있다.
또한 특수한 경우로 거점형(대형편의시설 등)과 특화형(공구상가, 전자
상가 등 전문상가)이 있다.

또 상권의 유형을 근린형, 지구중심형, 지역중심형, 광역중심형으로
구분할 수도 있다. 그러나 이 분류는 이론적이기는 하되 실제 적용에서
는 구획을 정함에 있어서 어려움이 따르며, 실익도 별로 없다.

1) 도심권

각 도시에는 중심부가 있는데 바로 그곳에 있는 상권을 가리킨다. 도
심에는 유동인구가 많다. 인구를 유입할 수 있는 시설이 집중되어 있어

서 입지만 한다면 목 중의 목이 되는 곳이다. 하지만 이러한 도심권은 임대료나 권리금이 매우 높아 초보자들로서는 입지하기가 쉽지 않은 곳이긴 하다.

2) 역세권

거의 모든 지역 중에서 상권이 활발히 형성되어 있는 곳이 바로 역세권이다. 하지만 전철역 입구라고 해도 대부분 상권이 좋은 것은 아니며, 이곳은 우리가 말하는 역세권이 아니다. 대다수는 전철역 입구만 장사가 된다. 전철역을 이용하는 상주인구 자체가 적거나 근처에 유동인구를 모을 수 있는 대형 백화점, 쇼핑센터, 대학교, 입시학원 등이 없어서 상권이 제대로 형성되지 못하고 있는 상태이기 때문이다.

번성하는 역세권을 보면 대학이나 백화점, 입시학원을 끼고 있고, 그 지역의 핵 구실을 하고 있는 중심지이다. 이와 같이 역을 끼고 있으면서 이미 상권이 활성화된 곳이 역세권이다. 이러한 지역은 당연히 임대료나 권리금이 높다.

이와 같은 역세권도 상권마다 특성이 다르다.

예를 들어 신촌, 신림, 강남역, 잠실신천상권 등은 오락·유흥업이 주도하는 상권인 반면에 성신여대, 목동역, 창동, 문정동상권 등은 여성의류 할인매장과 관련업이 잘 되는 상권이다(목동역상권은 오목교 현대백화점 상권에 고객을 뺏기고 있어서 약화되고 있다). 또한 오락·유흥업으로 성격이 비슷한 강남역이나 잠실신천상권, 신촌상권, 신림상권 등도 그 고객층이나 소비성향은 판이하게 차이가 난다.

여하튼 역세권의 상권분석은 유동인구의 특성파악이 우선이다.

또한 업종분포도를 살펴보면 그 상권에서 호황인 업종도 알 수 있다.

3) 대학가

　대학가는 젊음과 활기가 넘치는 곳으로서 다른 상권보다는 비교적 건전한 편이다. 특히 다른 지역과는 음주문화의 격이 달라서 마음 편히 장사할 수 있다. 하지만 대학가에도 어려움은 많다. 총학생수, 기숙사 완비 여부, 지방학생의 구성비, 그리고 학교 앞의 교통망 상태와 대형 시설이 있는지에 따라 상권이 양극으로 뚜렷이 갈리기 때문이다.

　교통망이 좋지 않은 대부분의 대학가(중앙대, 숭실대, 경기대, 경희대, 고려대, 숙명여대 등)는 상권이 매우 미약하여 발전 가능성이 없다. 또한 방학을 타는 지방대학 역시 상권이 약하다. 특히 여대 앞은 여성에 맞는 일부 품목 이외에는 어려움이 많다. 여기서 신촌(연대 앞)이나 이대입구, 성신여대 앞, 대학로(성균관대 앞), 홍대역 등은 교통망이 좋아 일반상권으로 성장하여 역세권으로 분류하므로 논외로 한다.

상권의 지나친 확대는 상권을 죽인다

쉬어가기 10

　일반적으로 상가가 많으면 외양이 더욱 번화해 보이는데, 이러한 외양에 현혹되어서는 안 된다. 대표적인 곳이 바로 건대역상권이다. 이곳은 상권이 지나치게 비대해져서 제살 깎아먹기에 바쁜 곳이다. 한마디로 실속이 없는 곳이다. 그래서 가장 망하는 빈도가 높은 곳이기도 하다.

　신도시 상권도 손님들의 구매력에 비해 상권의 범위가 넓은 곳이다. 무작정 상권의 규모가 커진 곳이라는 말이다. 이런 곳에서는 조정기간을 주목해보아야 한다. 신흥 주택지 상권의 경우에도 무작정 규모만 큰 곳이 있는데 역시 조정기간이 지난 이후에 입점하는 지혜를 발휘해야 할 것이다.

4) 아파트단지 내 상권

현대는 대형화, 전문화, 차별화의 시대이다.

고객들도 단지 내의 소형상가보다 좀 더 싸고, 품질 좋고, 분위기 좋은 곳을 선호한다. 때문에 단지 내 상가는 기술위주의 서비스업이나 생활필수품 정도만이 장사가 되고 있는 실정이다.

아파트단지 내 상권파악 기준

① 최소한 500세대 이상은 되어야 한다

상가 입구가 대로변 쪽에 있어야 좋고, 500세대 정도가 되면 자체 내에서 상권을 유지할 수 있다. 하지만 500세대 정도에서는 부동산, 세탁소, 미용실, 약국, 슈퍼마켓, 잡화점, 음악, 미술학원 정도밖에 되지 않는다. 만약 전문점을 하고 싶다면 최소 1,500세대 이상인 곳에서 해야 한다.

② 1,000세대 이상이면 낮은 쪽에 있는 상가를 하라

1,000세대 이상이면 상가건물이 두 개 이상 세워진다. 이때는 지대의 높낮이나 대중교통 수단에 따라 상권이 달라진다. 상가건물이 잘 되는 곳과 안 되는 곳이 발생한다. 잘 되는 상가는 낮은 곳에 있거나 대중교통이 집중되어 있어 유동인구가 몰리는 곳이다.

정문과 후문의 지대가 비슷할 때는 어느 쪽이 나은지 어떻게 파악할 수 있을까? 방법은 간단하다. 노점상이 어느 쪽에 있는가를 보면 된다. 노점상은 수시로 옮겨 다니면서 잘 되는 곳에서 장사를 하므로 이들이 있는 곳이 곧 목이라고 보면 틀림없다.

③ 주택지 안의 500세대 미만 아파트단지 내 상가는 피하라

주택지 안의 아파트는 대부분 재개발이나 재건축으로 생긴 것이다. 이 경우 처음에는 기존의 가게들보다 깨끗하기 때문에 아파트 상가가 활성화된다.

하지만 장사가 잘 되기 시작하면 주택들이 상가주택으로 전환되면서 상권이 분할된다. 손님들은 당연히 좀 더 크고 전문화된 곳으로 가게 마련이다. 단지 내 상가는 대부분 10~15평 정도의 소규모가 주류를 이루고 있어 업종도 제한되며, 상가주택에 있는 큰 업소와의 경쟁에서 배겨내기 힘들다.

이때는 아파트 진입로변의 상가가 좋다.

④ 중소형 아파트단지에서 하라

대형 아파트에 주거하는 연령층은 50대 이후가 많다. 당연히 자녀들도 20대 이후가 대부분이다. 그런데 50대 이후의 소비성향은 어떠한가? 이들은 생필품 이외에는 모두 외부에서 해결하는 층으로서 시내의 백화점이나 전문상가에 가서 쇼핑의 재미를 느끼고 싶어 하는 경향이 강하다. 게다가 20대는 또 어떤가? 이들에게는 아예 기대를 걸지 않는 것이 좋다.

⑤ 세대수에 비해 상가가 많으면 피하라

세대수에 비해 상가가 너무 많은 경우도 있다. 현행법 상 아파트 1가구당 상가를 6㎡까지 지을 수 있지만 정말 이대로 짓는다면 품목이 중복되어 서로 망하는 경우가 있다.

⑥ 신도시 등 대규모 아파트단지 내 상가는 피하라

이곳의 거주자들은 거의 대형 판매시설에서 구매를 하기 때문에 대규모 아파트단지 내 상가들 대부분이 살아남기 어렵다. 생필품과 기술을 밑천으로 하는 업종만이 명맥을 유지할 수 있다.

따라서 대규모 단지에서는 세대수를 파악하는 것이 아무런 의미가 없다. 굳이 이곳 아파트 상가에서 장사를 하려면 중심상권의 대형 판매시설 바로 옆에서 하는 것이 좋다.

(4) 좋은 상권

상권이 보호되어 번성할 수 있는 상권
— 모이는 유동인구가 많다
— 배후지 인구 밀도가 높다
— 낮은 지대에 있으며, 교통수단이 집중되어 있다
— 상권이 2배 이상 넓어질 공간이 없다
— 신규 상가가 들어설 가능성이 있는 공터나 주택이 없다
— 빈 점포가 없다(빈 점포가 있으면 상권이 좋지 않은 곳이다)
— 대형사무실보다 5층 이하의 사무실이 근처에 밀집해 있다
— 유동인구가 많은 중소형 아파트를 끼고 있다
— 대형 백화점이나 쇼핑센터 등 대형 편의시설을 끼고 있다

신도시 등 대단위 아파트단지 상권 발달 과정

성장기 상권이란 처음으로 형성되어 발전해 가는 과정에 있는 상권을 말한다. 분당, 일산, 산본, 평촌, 중동 등의 신도시처럼 계획적으로 개발된 경우가 있고, 시 외곽지역에 생기는 대단위 아파트단지나 성동구의 불량주택 재개발지처럼 재개발된 경우도 있다.

이처럼 성장기 지역은 지가가 상승하고, 토지투기 현상이 일어나며, 새로 입주하는 주민들이 젊고 교육수준도 대부분 높다. 이러한 상권은 대부분 아파트 주거형태를 보이고 있어 주택지 상권은 미약하며, 아파트단지 내의 상권은 매우 변화가 심하다.

현재 성장기에 있는 5대 신도시의 상권을 예로 들어보자(이 신도시는 소도시와는 성격이 다르다). 이 신도시에서는 보통 300~1,000세대의 소규모 아파트단지가 수십 개씩 모여 있다. 이때 세대수만 믿고 아파트단지 내 상가로 들어가면 실패한다. 그 이유는 무엇일까?

상가는 아파트단지 내 상가부터 조성된다. 당연히 초기에는 장사가 잘 되고 나오기가 바쁘게 임대된다. 아파트단지 앞 도로변 일반상업지역의 상가건물은 단지 내 상가보다 6개월~1년 정도 늦게 들어서고, 2년 이상 경과되면 신도시의 규모가 갖추어지게 되어 중심 상업지역에 대형편의시설과 상가건물이 들어서면서 점차 활성화되고, 아파트단지 내 대부분의 상가는 매출이 급격히 떨어진다. 또한 단지 앞 일반상업지역의 상권도 약화된다. 중심상업지역(소위 역세권)으로 이동하기 때문이다.

이미 설명했지만 신도시 중심상업지역은 기존도시의 중심상업지역 ('역세권')보다 상권이 약하다. 지나치게 상가 숫자가 많기 때문이다.

이처럼 성장 초기에 있는 지역은 상권의 부침이 매우 심하므로 이 시기에 투자하면 실패할 위험이 크다. 그것은 5대 신도시의 아파트단지 내 상가들을 보면 확연히 드러난다. 한편 신도시의 중심상권은 중동이나 일산지역처럼 아직도 제자리를 찾지 못하고 있는 곳도 있지만 전반적으로 그 지역의 특성에 따라서 상권이 형성되어 가고 있다.

이러한 신도시의 경우 (상권이 약한 경우)에도 대형점과 배달업은 좋으며, 업종별로는 일부 기술력과 전문성이 있는 서비스업과 생활필수품정도는 가능하다.

(5) 피해야 할 상권

상권이 분산되어 침체될 수 있는 상권
— 6차선 이상의 도로가 상권을 분할하고 있다
— 주변에 있는 점포가 기술 또는 저가상품 위주이다(이런 곳은 상권
　　형성이 제대로 안 된 지역이라고 할 수 있다)
— 세대수에 비해 점포수가 많다 – 신도시나 신규 대단위 아파트단지
　　및 신흥 주택 지 상권
— 상권 안에 빈 점포가 많다
— 유동인구가 통과만 하는, 소위 '흐르는 자리' 이다
— 도로보다 높은 곳에 있어 접근하기 어렵다
— 상권이 이유 없이 커질 공간이 많다
— 조금 떨어진 (300m 이상) 곳에 대형 판매시설이 건축될 예정이다
— 상권 내의 대형 사무실이나 학원 등이 이전할 계획이다

(6) 피해야 할 대표적인 상권

1) 신도시지역이나 대단위 아파트단지 상권

신도시는 계획적으로 조성되기 때문에 자연적으로 형성된 기존 시가
지와는 지형지세에서 커다란 차이가 있다. 기존시가지는 대부분의 지형
이 높고 낮은 형태로 이루어지고 있는데 반해 신도시는 그야말로 완벽
하게 밀어붙여 편평한 지형을 이루고 있다. 거주하기에는 편리하지만
이런 지형은 상권에는 도움이 되지 않는다. 즉 인구를 사방팔방으로 분
산시켜서 상권의 집중도를 현저하게 떨어트리고 있다. 게다가 상업지역

이 곳곳에 있어서 상권이 몇 군데에 걸쳐서 이루어지면서 상호 경쟁이
심하다. 일산신도시나 중동신도시를 보라.

한편, 시 외곽지역에 조성되고 있는 대규모아파트단지 역시 지형지세
가 편평하여 상권 역시 집중도가 떨어진다. 물론 이러한 상권에서도 입
지가 좋은 몇몇 점포는 장사가 잘 되지만 대부분의 점포는 말 그대로
'개점휴업' 상태에 빠진다는 것을 알기 바란다.

2) 분산되는 상권

분산되는 상권이란 이용고객에 비해 상가가 지나치게 많아져 집중도
가 분산되는 기존의 상권을 말한다. 건대역상권, 미아상권, 압구정상권,
이대상권 등이 이에 해당된다고 볼 수 있다.

3) 교통망이 좋지 않은 상권

상권력은 지형지세와 교통망, 그리고 대형편의시설에 의해 결정되지
만 특히 교통망이 좋지 않아서 성장에 한계가 있는 상권도 많다.

주택가와 관공서, 일부 사무실 등이 복합으로 이루어지고 있는 주택
가 상권 중 비교적 크게 형성되어 있는 상권에 이러한 상권이 있는데,
방이동(송파구청 앞) 상권이나 구로구청 앞 상권 등이 이에 해당된다.

이것 이외에도 아파트단지 내 상권은 생필품이나 소규모 서비
스업만이 가능하므로 전문점은 피해야 하며, 대형사무실밀집지역
상권은 일부 프로만이 살아나므로 초보창업자는 피해야 할 상권
이다.

5. 입지조건분석 – 접근성과 가시성 조사 이렇게 하라

입지의 판단기준은 접근성과 가시성이다. 접근성과 가시성이 좋은가 나쁜가에 따라서 점포 입지가 좋은가 나쁜가가 판가름되는데, 보통 A, B, C 세 등급정도로 분류하고 있다. 그리고 입지조건 분석에서는 개개 점포의 구조, 규모 및 임대가와 권리금의 적합성, 건물전체의 업종구성 등 점포 자체 조건 분석이 더 따르며, 마지막으로 경쟁점포조사를 통해 경쟁력유무를 따져 입점여부를 결정한다.

여기서 경쟁력은 경쟁점포에 비해 입지가 우위에 있든지, 점포크기가 우위에 있든지 해야 하며, 마케팅이나 서비스 등 경영주의 능력은 경쟁 우위에 있을 때 비로소 빛을 발휘한다는 것을 명심해야 한다. 당연히 예상매출액 추정과 사업타당성 유무도 이 입지조건분석 시에 병행한다.

- 점포 입지분석 : 접근성, 가시성 조사
- 점포관련조건분석 : 점포의 임대가와 권리금 분석
  점포의 구조와 모양 조사
- 경쟁점포 조사 : 관련 업종 및 경쟁점 조사
- 점포권리분석 : 도시계획확인원, 등기부등본, 건축물관리대장
- 사업타당성 파악 : 매출액 추정, 투자대비 수익률분석
- 점포계약 : 점포권리양도계약, 임대차계약

(1) 점포 입지분석

1) 접근성과 가시성으로 판단하여 결정한다.

접근성과 가시성으로 판단하여 A, B, C급지로 분류하는데, 이는 주관

적이라서 객관성을 잃기 쉽다.

신흥상권에서는 이러한 방법으로 파악할 수밖에 없지만 기존상권에서는 업종분포도를 보면 입지파악이 가능하다. 오히려 이 방법이 더 객관적일 수 있다. 업종마다 적합한 입지가 있듯이, 거꾸로 이미 형성되어 있는 상권에서 업종분포도를 보면 어떤 입지인지 알 수 있다.

2) 상권 단절요인 조사

입지선정 시에 특히 중요한 것은 상권을 끊어버리는 요인들을 정확히 현장에서 발로 뛰면서 조사해 내는 것이다.

단절요인을 분석해 보면 비로소 내 점포에 올 수밖에 없는 배후지주민의 숫자가 드러난다. 이것이 바로 독점세대수이다.

막연히 본 것하고는 엄청난 차이가 나며, 바로 이 독점세대수가 최소한 500세대가 되는가 아닌가에 따라 성패가 갈린다고 보면 된다.

일반업종 상권 단절요인

1. 자연지형물　　　: 하천, 둑, 강, 공원 등
2. 인공지형물　　　: 철로, 도로(6차선 이상)
3. 장애물시설　　　: 쓰레기처리장, 학교, 병원
4. C급지분포업종 : 카센터, 공작기계, 우유대리점, 가구점, 표구점,
　　　　　　　　　　기타 기술위주의 업종
5. 기타　　　　　　: 주유소, 주차공간, 은행 등

*예외적으로 상권 단절요인을 비껴가는 것: 대형점, 배달업, 편의점등이다. 이외에는 위의 상권단절요인을 비껴가지 못하므로 입지분석 시에는 반드시 발로 뛰면서 조사해야 한다는 것을 명심해야 한다.

(2) 점포관련조건분석

점포의 임대가와 권리금 파악은 중요하다. 점포 임대가와 권리금은 대개 상권과 입지에 따라서 결정되는데, 같은 입지라도 유난히 임대가와 권리금이 비싼 점포가 있다. 당연히 피해야 할 점포들이다.

1) 점포 임대가가 유난히 비싼 점포는 피하라

임대가가 유난히 비싼 점포는 상가건물임대차보호법이 시행되고 있지만 적용받지 못하는 상가도 많고, 적용된다 하더라도 언제든지 내쫓을 수 있는 악덕건물주일 가능성이 높다. 하지만 이러한 악덕건물주는 1% 내외일 정도로 적고 대부분의 건물주들은 인간적으로 대하면 나쁜 일이 발생치 않는다. 때문에 구태여 상가건물임대차보호법을 예비창업자들은 알려고 할 필요는 없다. 아이템에 맞는 상권과 입지를 선정하여 어떻게 노력하면 성공하는가에 집중하라.

2) 점포 권리금이 상대적으로 비싼 점포는 피하라

보편적이고 타당한 권리금을 가진 점포라면 상권을 대강 파악할 수 있는데 주변 상권에 비해 상대적으로 비싼 권리금을 받는 점포는 혼란을 불러일으킬 뿐이다. 상권에 적합한 권리금이 지정된 점포가 아니라면 초보창업자는 피하는 게 낫다.

3) 점포구조와 건물 내 업종구성을 조사하라.

점포구조는 인테리어 등의 구상에 필요하며, 건물 내 업종구성조사는 상호 보완이 될 것인지 아니면 경쟁관계가 될 것인지를 알기 위해서 파악하는 것이다.

조사할 항목은 다음과 같다.

- 전용면적 : 등기부등본 등재면적
- 점포 전면 길이와 점포 모양 : 점포의 전면이 길수록 좋다. 당연히 간판의 홍보효과도 크다
- 출입구의 위치와 크기, 창문의 위치와 크기
- 기둥의 위치와 크기 : 기둥의 활용도 고려
- 층의 위치
- 계단의 위치와 넓이 및 경사도
- 천장의 높이
- 건물 및 영업시설의 노후상태
- 건물 전체 규모와 업종구성 내용

(3) 권리분석

1) 등기부등본

등기부등본은 계약금과 잔금을 치를 때 확인하는 게 좋다. 그 건물에 어떤 문제가 있는지는 등기소에서 등기부등본만 떼어 보아도 알 수 있다. 등본에는 소유자의 인적사항, 지번, 면적, 그리고 각종 저당권 설정이나 압류 여부가 기재되어 있다.

만일 담보물권 설정과 압류 등과 같은 권리관계에 대해 잘 모를 때는 주위에 물어보라.

2) 도시계획확인원

도시계획 및 이용제한 사항과 재개발 여부 등을 확인하려면 구청에서 도시계획확인원을 떼어보면 된다. 도시계획확인원이란 공법상으로 토지를 규제하는 도시계획 사항을 기재한 증명서로서 용도지역과 지구, 도로저촉, 재개발, 개발제한구역 여부 등을 확인할 수 있다.

재개발 여부를 확인하면 상권의 변화를 미리 예측할 수 있으므로 적절한 대응책을 세울 수 있다. 그밖에도 점포건물이 도로에 저촉되어 있으면 언젠가는 헐리게 되어 피해를 입게 되므로 주의하자.

3) 건축물관리대장

건물의 위치, 크기 및 실소유자 등이 등기부등본과 일치하는지를 알아보라. 건축물관리대장에는 딱히 건물에 어떤 하자가 없는데도 불구하고 불법건축물로 찍혀 있는 경우가 있다. 이를테면 주차장을 다른 용도로 사용하면 불법건축물로 지적하고 있으며, 이는 건축물관리대장을 떼어보면 확인이 가능하다.

이와 같은 불법건축물을 멋모르고 계약했다가는 낭패를 겪으니 주의가 요망된다. 신규허가나 명의변경이 되지 않는다.

(4) 좋은 입지

- 모이는 유동인구가 많은 곳
- 접근하기 편한 곳이거나 가시성이 좋은 곳
- 주변에 노점상이 많은 곳
- 편의 시설 등이 있는 곳

- 출근길보다 퇴근길 방향에 있는 곳
- 주차장이 있는 곳 : 단, 2~3대 주차할 수 있는 공간이 점포 앞에 있으면 입지가 나쁨
- 버스 정류장이나 지하철역을 끼고 있는 곳 : 단 ,흐르는 곳은 안 됨
- 상권이 형성된 코너 점포
- 대규모아파트단지 중심상권 대형편의시설 바로 옆
- 중소형 아파트 단지 상가
- 낮은 지대의 중심지
- 권리금이 있는 곳
- 노점상이 많은 곳
- 비어 있는 점포가 없는 곳
- 아파트 진입로변

앞에서 어떠한 곳이 점포위치로 좋은지 배웠다. 장사를 성공으로 이끌 수 있는가 없는가를 결정하는 요소 가운데 60~70%를 차지하는 것이 바로 '점포입지' 이다. 어떤 업종의 창업이라도 상권과 입지조건을 철저히 분석해야만 한다.

여기서는 상권과 입지조건 분석을 일일이 하지 않아도 알 수 있는 일반적인 '좋은 점포'를 설명하고자 한다.

1) 모이는 유동인구가 많은 곳

역세권, 대학가, 도심 등은 유동인구가 많은 곳이다. 유동인구가 많으면 당연히 대형 유통시설이 들어서고 더불어 고객들이 몰려들므로 상호 상승작용으로 인해 상권이 매우 활성화된다. 이런 상권의 A급지에서는 어떤 업종이라도 잘 된다. 문제는 보증금과 권리금이다.

2) 접근하기 용이한 곳

점포는 사람들이 쉽게 찾을 수 있고 편하게 갈 수 있는 곳에 위치해야 한다. 이것을 '접근성'이라고 한다. 사람들은 특별히 정한 물건이 아니라면 대부분 접근하기 편한 곳을 이용한다.

점포의 접근성을 구성하는 요인들은 여러 가지가 있다.

첫째, 근처에 버스정류장이나 지하철역이 있는지, 횡단보도가 있는지, 점포의 출입구는 어디에 있으며 크기는 어떤지, 계단이 있는지, 주차시설은 갖추어졌는지, 교통이 혼잡하지는 않은지 등이 접근성에 영향을 미친다.

둘째, 상권 내에 있는 극장이나 대형 서점 등의 편의시설이 접근성에 영향을 미친다.

3) 5층 이하 사무실 부근

대개 사람들은 대형 사무실이 밀집한 곳이 장사가 더 잘 되리라 생각한다. 그러나 그렇지 않다. 대형 사무실 밀집지역은 저녁때는 썰물처럼 빠져나가 거의 개점휴업 상태이고 휴무일 역시 마찬가지이다. 이런 곳은 특별한 노하우가 있는 일부 전문음식점에 한해서 해볼 만한 곳이지 창업 초보자는 애당초 생각하지 말아야 할 곳이다. 그럼에도 불구하고 대형 빌딩과 점심때 직장인 유동인구에 현혹된 나머지 많은 초보자들이 뛰어들고 있는 것이 현실이다.

강조하지만, 대형을 좋아하지 마라. 차라리 소형이 훨씬 알차다. 요즈음 유행처럼 번지고 있는 대형 노이로제에 역행하는 말이지만 사실이다.

소형 사무실이 많이 밀집된 곳은 대개 역세권 주위에 있으며, 교통망이 좋다. 서울의 역세권들을 자세히 관찰해보라. 역세권 거의 전부가 5

층 이하 건물로 운집되어 있으며, 이름도 없는 사무실들이 건물마다 꼭꼭 채워져 있다. 이들 이름도 없는 사무실 직원들이 역세권 유동인구의 한 축을 이루고 있다.

4) 편의시설 등이 있는 곳

입지가 좋고 나쁜 것은 결국 손님에 의해 판정된다. 손님이 쉽게 찾고 편안하게 올 수 있는지의 여부가 그래서 매우 중요하다.

손님들은 찾기 쉽고 편안하게 갈 수 있는 점포로 발길을 돌리게 되어 있다. 그중에서도 특히 은행, 유명의류 대리점, 대형 슈퍼 등이 있는 곳은 손님이 접근하기 쉽다.

5) 퇴근길 방향

장사는 대부분 오전보다는 오후에 이루어진다. 점심시간 전후에 반짝하고 나서 퇴근시간 이후 절정에 이른다. 그렇기 때문에 점포의 위치는 출근하는 방향보다는 퇴근하는 방향에 있는 것이 유리하다.

'노루목'이라는 것이 있다. 노루란 짐승은 꼭 다니는 길로만 다닌다. 당연한 말이지만 사냥꾼은 바로 이 길목을 지키면 된다. 사람 습성도 이와 비슷하다. 당연히 퇴근하는 길목을 지켜야 한다. 퇴근시간에 주로 이용하는 도로가 어디이며, 주 동선이 어떻게 흐르는지 종합적으로 판단하라.

6) 주차장이 있는 곳

승용차가 대중화되면서 주차장이 있는 곳과 없는 곳의 차이는 갈수록 심화되고 있다. 전용 주차장이 있으면 좋지만 여의치 않다면 공용 주차장 옆에 있는 점포도 괜찮다. 다만 상권 안에 공용 주차장이 있을 때는 상가의 연속성이 끊어질 수 있다. 예를 들어 상가가 줄지어 있는데 그 중간쯤에 주차장이 있다면 당연히 상가의 흐름이 끊긴다.

이 경우 주차장에서 상권 중심지 쪽 방향의 점포는 매우 좋으나 주차장 뒤쪽의 외곽지역에 점포가 있으면 오히려 주차장이 상권을 죽이는 역할을 할 수 있다. 그러므로 이럴 때는 상권 중심지와 주차장 사이에 있는 점포를 구하기 바란다.

7) 버스정류장이나 지하철역을 끼고 있는 대로변

역세권이 아닌 주택지 상권에서는 버스정류장을 끼고 있는 대로변과 일반 대로변의 차이가 크다. 시내를 다닐 때 유심히 살펴보라. 대부분의 대로변에 변변한 음식점이나 선매품점이 있는가? 거의 없으며 그런 곳이 눈에 띄면 그곳은 반드시 버스정류장이 있으면서 상권이 형성된 곳이거나 역세권 대로변이다.

한편, 대형 복합상가의 경우 통행이 많은 도로변과 도로변 안쪽에 위치해 있어 잘 안 보이는 곳은 매출 차이가 많이 나는 만큼 임대료나 권리금에서도 거의 절반 이상 차이가 나는 경우가 많다. 그만큼 상가 안쪽은 장사가 되지 않는다.

8) 상권이 형성된 코너 점포

주택지 상권이든 역세권이든 코너 상가는 그중 최고의 자리이다. 이런 곳은 시선이 집중되고 출입구 접근이 쉽다. 어떤 업종이든 상권의 특성에 완전히 반하지만 않는다면 성공할 수 있다.

하지만 이렇게 좋은 목은 주위의 상인들이 주목하고 있는 대상이다.

장사가 잘 되므로 매물로 나오지도 않지만, 나온다 하더라도 주위에서 아는 사람끼리 거래가 이루어진다. 그러므로 장사를 하려고 마음먹었다면 코너 상가를 눈여겨보아야 한다.

9) 대규모 아파트단지 중심상권 대형편의시설 바로 옆

대규모 아파트단지에는 대형 유통시설이 경쟁적으로 들어서게 마련이어서 고객은 이런 곳을 중심으로 한 중심상권에서 구매를 한다. 때문에 대규모 아파트단지 내 상가는 살아남기가 어렵다. 점포를 얻으려면 중심상권의 대형 판매시설 바로 옆에 얻는 것이 좋다. 그래야 단지 내의 모든 가구를 대상으로 할 수 있어서 업종과 품목에서 대형편의시설과의 경쟁을 피한다면 장사도 잘 된다.

10) 중소형 아파트단지 상가

아파트단지는 주택지보다 세대 당 물품구매력이 높다. 수입과 지출이 상대적으로 높다는 말이다. 그러나 이들이 모두 아파트단지 내의 상가를 이용하는 것이 아니라는 점이 문제이다.

분양평수 33평 이하인 중소형 아파트(24~33평형)에는 30~40대가 많이 산다. 당연히 어린아이나 학생들이 많다. 따라서 단지 내 상가에는 학용품점, 아동의류점, 식품점, 학원이 잘 된다. 소형이나 대형 아파트에 비해 상대적으로 장사가 잘 된다.

중소형 아파트단지라도 500세대는 넘어야 자체상권으로서의 구실을 한다. 하지만 500세대가 넘는다 하더라도 언덕 위에 있으면 저지대 상가주택에 있는 점포와의 경쟁에서 뒤지므로 운영하기가 힘들다.

11) 낮은 지대의 중심지

낮은 지대는 거의 교통의 요충지이며 위로부터 내려오는 길목이자 중심지가 되는 경우가 허다하다. 상권은 이처럼 낮은 지대에 형성되며, 이러한 곳은 재래시장, 버스정류장, 은행, 대형 쇼핑센터 등이 자리 잡고 있다. 당연히 유동인구가 많아 상권이 좋다.

12) 권리금이 있는 곳

권리금이란 현실적으로 세입자 간에 인정하지 않을 수 없는 금액이다. 보통 권리금은 '1년 동안의 순수익의 합과 입지조건을 기준으로 시설상태와 업종의 경쟁력 유무, 점포의 크기 등을 감안하여 평가' 한다.

이처럼 권리금은 '1년 동안의 순수익' 이 의미하듯이 장사가 되는 곳에 따라붙는다. 그런데 권리금이 부담스러워 망설이다가 좋은 점포를 놓치는 경우가 많다. 판단이 서지 않는 경우엔 '나중에 점포를 팔려고 할 때 권리금을 보상 받고 쉽게 팔 수 있겠는가' 를 객관적으로 판단하면 답이 나온다. 권리금이 있는 점포는 장사가 되는 곳이다. 그곳을 잡아라!

13) 주변에 노점상이 많은 곳

요즘같이 실업자가 넘쳐나는 불황기에는 노점상이 넘쳐난다. 그런데 자세히 보라. 노점상들이 있는 곳은 대부분 그 지역에서 유동인구가 제일 많다. 즉 목이라는 말이다. 이곳이야말로 바로 그 지역의 확실한 상권이라고 할 수 있다.

특히 주택지 대로변 같은 곳은 노점상이 있느냐 없느냐에 따라 상권이 살아있는가 죽었는가를 알 수 있다. 즉 노점상은 살아 있는 상권이요, 목이다.

14) 비어 있는 점포가 없는 곳

상권이 좋으면 장사가 잘 되어 매물이 나와도 거래가 쉽게 이루어진다. 따라서 점포가 빈 상태로 있을 이유가 없다. 역세권을 보면 쉽게 이해가 갈 것이다. 반대로 주택가 상권이나 신도시 신흥상권을 보라. 문을 닫은 곳이 눈에 띈다. 상권이 안 좋다는 반증이다.

15) 아파트 진입로변

현대는 전문화, 차별화, 그리고 대형화 시대이다. 아파트단지 내 상가는 일반적으로 작다. 당연히 아파트 진입로변의 큰 점포가 경쟁력에서 앞서게 된다. 또한 아파트 진입로는 아파트뿐만 아니라 진입로 주변의 주택지까지도 상권의 범위에 들어가게 되어 상권력이 크다. 특히 재개발이나 재건축된 아파트단지 진입로는 상권이 좋다

(5) 나쁜 입지

- 점포 앞이 계단이나 경사진 곳
- 6차선 이상의 도로가 상권을 양분하는 곳
- 유동인구가 그냥 지나가는 곳(소위 '흐르는 자리')
- 주변 점포가 기술 또는 저가 상품 위주인 곳
- 업종이나 주인이 자주 바뀌는 곳
- 주변 점포의 간판이 낡거나 변색된 점포가 있는 곳
- 점포 전면이 좁거나 간판 설치가 어려운 곳
- 주변 도로가 지저분한 곳
- 편도인 도로변이나 맞은편에 점포가 없는 곳
- 빈 점포가 많은 곳

- 언덕 위나 상가의 연속성이 끊긴 곳
- 주변에 공터가 있는 곳과 주변에 큰 규모의 동일 업종이 있는 곳
- 막 다른 골목 끝인 곳
- 300~500m내에 대형유통시설이 있는 곳
- 권리금이 없는 곳
- 주변에 큰 규모의 동일 업종이 있는 곳
- 건물주가 장사하는 곳
- 보도 폭이 좁은 곳

1) 점포 앞이 계단이나 경사진 곳

점포 앞이 계단이거나 경사가 지면 접근성에서 떨어진다. 이러한 점포는 설령 A급지에 위치하고 있다 하더라도 B급지 수준의 매출로 이어지므로 유의해야 한다.

2) 6차선 이상의 도로가 상권을 양분하는 곳

6차선 이상의 도로는 장애요인으로 작용한다. 다시 말하면 상권의 흐름을 끊어버린다. 따라서 상권 자체가 크게 활성화되지 못하는 경우가 발생한다. 또는 어느 한쪽의 도로변은 '흐르는 자리'가 되기 십상이다. 이러한 곳은 세밀한 상권분석이 요구되므로 초보자들은 피하는 것이 상책이다.

물론 역세권의 경우는 유동인구가 많아 장사가 되므로 그다지 피할 상권은 아니지만, 이 역세권도 '흐르는 자리'일 경우에는 업종선택에 유의해야 실패하지 않는다.

3) 유동인구가 그냥 지나가는 곳(소위 '흐르는 자리')

점포 앞을 유동인구가 그냥 지나간다면, 아무리 많아도 곤란하다. 이런 경우에는 대개 목적지를 향해 가는 사람이 대부분이다. 보행속도가 빠르다는 뜻인데, 통근이나 통학의 보행속도는 1초에 보통 1.5m 정도라고 한다. 그런데 쇼핑의 경우에는 1초에 약 1.2m 정도로 느리다고 한다.

이와 같이 유동인구의 보행속도가 빠른 곳, 즉 '흐르는 자리'는 되도록 피하라.

그래도 역세권 '흐르는 자리'는 그나마 조금 낫다. 이곳은 짧은 시간에 구매가 이루어지는 저가 판매업종이 상가의 대부분을 차지하게 된다. 고객들이 짧은 시간에 구매를 하기 때문에 고가품은 취급할 수 없고, 중저가 의류나 액세서리, 화장품 등 비교적 충동구매가 많은 업종이 자리 잡아야만 한다.

전철역 앞의 '흐르는 자리'에서는 장사가 되고 있다. 다만 '모이는 자리'에 비해 상권이 현저히 떨어지고 투자대비 수익률이 낮다. 그럼에도 불구하고 보통 역 앞의 점포는 '모이는 자리'나 '흐르는 자리' 모두 보증금이나 권리금이 비슷하다. 같은 값이면 다홍치마라고 투자액은 같은데 수익에서 심지어 절반 이상 차이가 난다면 여러분은 어느 곳을 선택하겠는가?

하지만 주택지 대로변의 경우에는 역세권과는 상황이 다르다. 이곳에서 '흐르는 자리'는 생존과 연결된다. 4차선 이상의 반대쪽 대로변인 '모이는 자리'는 상권이 활성화되는 데 반해, '흐르는 자리'는 갈수록 상권이 미약해져 가기 때문이다.

4) 주변 점포가 기술 또는 저가상품 위주인 곳

주변 점포가 세탁소, 지물포, 표구점, 세차장 등 기술 위주의 업종이 있는 곳은 어떤 곳인가? 일부 세대수가 적은 아파트단지 내 상가나 주택지 상권의 C급지에 이런 업종이 분포되어 있지 않던가? 당연히 피해야만 되는 곳이다.

저가상품 위주인 곳은 그 지역이나 상권의 소비수준이 매우 낮다는 뜻이다. 이것은 가격할인 전략을 세워 다른 점포와의 가격경쟁력에서 우위를 점하려는 저가격 할인매장 등의 점포와는 다른 의미이다.

또한 중하층 거주지역이 상권이 좋다는 것과도 다른 의미이다. 저가상품 위주인 곳은 상권 전체의 저소비수준을 반영하고 있기 때문에 피해야 된다.

5) 업종이나 주인이 자주 바뀌는 곳

업종이 자주 바뀐다는 것은 이 업종을 해도 안 되고 저 업종을 해도 안 된다는 말과 같다. 또 임차인이 자주 바뀌는 것도 같은 이유에서이다.

장사를 하다보면 불가피한 사유가 생겨 점포를 할 수 없는 경우가 있다. 하지만 그런 일은 그렇게 많지 않을 뿐만 아니라 어찌 한 점포에만 유난히 그같이 불가피한 일이 발생하겠는가? 당연히 그런 곳은 장사가 지독히 안 되는 자리이다.

6) 주변 점포의 간판이 낡거나 변색된 점포가 있는 곳

주위를 둘러보라. 간판이 낡거나 또는 인테리어 등이 변색될 정도로 오래도록 방치한 점포가 어떠한 곳에 많은지. 주택지 C급지가 그러하다. 업종 자체도 그렇고 장사도 안 되니까 더욱 그렇다. 또한 주택지 B

급지에서도 종종 눈에 띈다. B급지가 이러한 주택지상권은 상권력이 약한 곳, 즉 상권이 좋지 않은 곳이다.

7) 점포 전면이 좁거나 간판설치가 어려운 곳

점포의 전면 길이는 길어야 좋다. 건물의 전면은 많이 노출되면 될수록 좋다. 간판도 마찬가지이다. 이 둘은 점포의 얼굴이다. 첫인상이 얼마나 중요한가. 일단 눈에 띄어야 구매를 하든지 말든지 할 것 아닌가. 점포의 전면과 간판은 상호와 함께 최초의, 그리고 최고의 홍보수단이다.

따라서 점포의 전면이 너무 좁거나, 평면간판이나 돌출간판의 설치장소가 충분히 확보되지 않는다면 피해야 한다.

8) 주변 도로가 지저분한 곳

방치한 점포들이 많은 곳은 주위가 산만하고 지저분하다. 업종 자체가 도로환경을 해치기도 하고 장사가 신통치 않아서 주변 환경까지 신경 쓸 겨를이 없기 때문이기도 하다. 당연히 도로에는 휴지조각 등이 널려 있으며, 자전거나 각종 기물 등이 그대로 방치되어 있는 곳이 많다. 이러한 곳은 일단 장사가 어렵다고 생각하라.

9) 편도인 도로변이나 맞은편에 점포가 없는 곳

자기 점포의 고객이 아니라 하더라도 사람이 많이 모이거나 유동인구가 많으면 자연히 충동구매로 인해 매출이 올라간다. 그런데 편도인 도로변을 보자. 편도인 도로는 도로폭도 좁지만 일단 자동차가 한쪽 방향으로만 흐르기 때문에 사람들이 그 도로를 이용할 때 심리적인 불안감을 갖고 있다.

자동차가 가는 방향으로는 그나마 사람들이 같이 움직이기는 하지만 자동차 진행방향과 역행해서는 사람들이 거의 걸어가지 못한다. 당연히 점포는 자동차 진행방향 쪽 도로변 일부만 유지된다. 이곳도 유동인구가 거의 없어 장사가 어려운 곳이다.

또한 도로 맞은편에 점포가 없는 경우에는 앞에 하천이 흐르거나 철로가 나 있는 경우이다. 이런 경우 유동인구가 거의 없다. 일반 먹자골목에서도 맞은편에 표구점, 이삿짐센터 등이 마주하고 있으면 좋지 않다. 상가의 연속성이 끊어지기 때문이다.

10) 빈 점포가 많은 곳

빈 점포란 장사가 안 되어 비어 있는 경우로, 임차인도 권리금의 일부나마 받아내려고 갖은 노력을 했을 것이다. 그런데도 매매가 안 되고 장사하기도 힘들어 결국은 권리금(시설비 포함)까지 포기하고 보증금만 건물주에게서 받아 나간 것이다.

그럼 건물주는 어떤 입장일까? 당연히 빈 점포로 있으면 있는 만큼 월세는 받을 수 없다. 그러니 한시라도 빨리 임대가 이루어지길 바랄 것이다. 장사가 잘 되는 점포에서는 있을 수도 없는 상황이다.

빈 점포가 많다는 것은 그 지역의 상권이 엉망이라는 말과 같다. 당연히 그런 곳에 들어가면 제대로 되돌아 나올 수 없다. 그런데도 젊고 경험 없는 초보자들은 권리금이 없어 좋고, 심지어는 망한다 하더라도 손해볼 것이 없다고 생각하기 일쑤이다.

하지만 장사가 안 될 수밖에 없는 지역에서는 아무리 애를 써도 안 된다. 자신만만한 만큼 자포자기도 빠르다. 안 되면 더욱 열심히 노력하면 된다고 여기던 사람들도 두 달 이상 못 버틴다. 점점 월세 내기도 벅차고 나중에는 장사를 계속하는 만큼 인건비까지 손해를 보는 경우가 생긴다. 이러지도 저러지도 못하는 사이에 밀린 월세만 눈덩이처럼 불어나 결국은 보증금까지 다 날려버리기 십상이다.

11) 언덕 위나 상가의 연속성이 끊긴 곳

언덕 위는 상권이 매우 좁아서 언덕 주위의 극히 일부 세대로만 국한된다. 따라서 조그만 구멍가게 정도의 미니 슈퍼마켓밖에 할 것이 없다. 또한 언덕 중턱의 오르막길 역시 마찬가지이다. 사람들은 일단 낮은 데로 몰리는 경향이 있기 때문이다.

상가의 연속성이란 각종 점포가 줄지어 있는 것을 말한다. 그런데 이것이 끊긴다는 말은 무엇을 뜻하는가? 바로 주차장이나 세차장, 이삿짐센터, 그 외에 각종 사무실이 들어서 있으면 연속성이 끊기게 되는 것이다. 손님들이 차례차례 상가를 구경하다가 이러한 시설물이 나오면 계속 앞으로 나아가면서 쇼핑하지 않고 되돌아 가버린다. 그러므로 끊긴 곳 다음에 있는 상가에서는 유동인구가 급격히 감소해버린다.

따라서 이처럼 상가의 연속성이 끊긴 곳부터는 상권이 좋을 수가 없다. 특히 주택지의 경우 대부분 이런 형태로 상권이 형성되어 있으므로 주의해야 한다.

달리 설명하면 이삿짐센터나 카센터 등은 월세가 싼 곳에 입점해도 무방한 업종이고 유동인구가 많으면 오히려 사업에 지장을 받는다. 그렇다면 그런 업종이 그곳에 있다는 것이 무엇을 뜻하는지 확실히 알 수 있지 않은가. 유동인구가 적음을 반증한다. 즉 C급지라는 것이다.

12) 주변에 공터가 있는 곳과 주변에 큰 규모의 동일 업종이 있는 곳

장사를 할 때 신경 쓰이는 것 중 하나가 '자신의 점포가 다른 점포에 비해 규모가 작은 것은 아닌가?' 하는 점이다. 사실 요즘은 대형화, 전문화, 차별화 시대라는 것을 누구나 알고 있기 때문에 더욱 규모에 신경이 쓰인다.

당연히 크면 클수록 좋은 경우가 많다. 업종과 조화만 잘 된다면 말이다. 그래서 주변에 큰 규모의 점포가 눈에 띄지 않으면 계약부터 하는 경우도 많다. 하지만 이것은 보이지 않는 것이 무서운 경우가 더 많다는 점을 간과한 행동이다.

역세권 같은 유명상권에는 상가로 전환할 공터나 주택이 거의 없다. 이미 대부분 상가로 되어 있기 때문이다. 그러나 신흥상권이나 주택지 상권에는 공터가 많고 웬만큼 오래된 주택은 상가주택으로 개조되는 경우도 많아 더 큰 상가가 건축될 가능성이 높다. 물론 이런 경우에도 자신의 점포가 입지조건이 확실히 좋다면 신경 쓰지 않아도 되겠지만 그렇지 않다면 십중팔구 무너진다. 언젠가는 새로 지을 수 있는 여지가 있는 곳은 피하고 보는 것이 좋다.

특히 학원이나 PC방 등 서비스업이나 생필품은 일정 범위의 영역을 기반으로 하여 독점적인 권리를 누리고 있는데, 바로 그 영역 안에 큰 건물이 신축되고 경쟁점이 들어온다면 즉시 타격을 입게 된다.

일정 영역에 빈 땅이나 넓은 대지의 주택이 있을 때는 주의해야 한다.

13) 막다른 골목 끝인 곳

막다른 골목 끝인 곳은 어느 상권이든지 피하는 것이 좋다. 사람들은 막힌 곳에서는 답답함과 함께 벗어나고자 하는 심리가 있다. 그러니 그

런 곳에 있는 점포가 좋을 리 없다. 주택지라면 점포 자체가 아예 형성이 안 될 것이다.

단 역세권에서는 A급지에서 이어진 골목길이 이와 같을 때 노하우가 있는 전문음식점을 한다면 B급지 이상의 구실을 하기도 한다. 이 경우 간판이 보여야 한다.

14) 300~500m에 대형 편의시설이 있는 곳

대형 시설과 근접한 상가는 앉아서 덕을 보지만, 300~500m 정도 떨어진 작은 규모의 상가는 경쟁력이 떨어져 손님이 큰 시설로 분산되기 때문에 손해를 입는다. 특히 주택지나 아파트는 이러한 대형 시설의 영향을 많이 받게 된다.

그런데 이미 상권이 형성되어 있는 곳 중 역세권은 어떨까?

이런 곳에는 백화점 등 대형 유통시설이 들어설 공터도 없지만, 대형 시설이 들어선다 해도 A, B급지는 큰 영향을 받지 않고 오히려 더 새로운 손님이 유입되어 번성하기도 한다.

(일산이나 중동 등 신도시의 경우에는 대형 유통시설이 지나치게 많아 중심상권 형성에 장애요인으로 작용하고 있음은 이미 말한 바 있다.)

15) 권리금이 없는 곳

급한 사정으로 인해 권리금도 받지 않겠다며 나오는 점포가 있다. 역시 장사가 안 되는 곳이다. 권리금이 무엇인가? 장사를 맨땅에서 할 수는 없지 않은가. 시설과 간판, 집기 등을 갖추어놓고 장사를 하다가 사정이 있어 팔게 되었다고 하자. 이때 여러분이라면 시설비에 대한 것을 받으려 하지 않겠는가? 또한 영업을 잘 해서 단골손님이 많다면 그에

대한 영업권리금까지 받고자 할 것이다. 이것이 바로 '권리금'이라고
할 수 있는데, 장사가 안 된다 하더라도 점포 주인은 시설비의 일부는
받고자 하고 또 일반적으로도 인정해주고 있다.

그런데 권리금까지 포기한다면 어떤 경우인가? 당연히 목이 안 좋아
도저히 유지할 수 없는 경우가 대부분이다. 이런 곳은 누가 들어가도 장
사가 안 된다. 월세에 치이는 것이다. 실제로 이런 경우는 주택지는 말
할 것도 없고 유명상권에서도 셀 수 없이 많다. 물론 약간의 권리금이
있긴 하지만 미미한 수준이다. 월세에 치이기 시작하면 보증금 정도는
순식간에 거덜난다.

결국은 장사를 하면서 매달 입는 손해가 임대료를 넘는 경우가 나온
다. 이때부터 월세에 치이는 것이다. 영업을 해도 손해, 안 해도 손해인
상태이다. 순식간에 권리금 몇천만 원에 보증금마저 잃는, 참담한 결과
를 낳을 수 있다.

16) 주변에 큰 규모의 동일업종이 있는 곳

작은 점포가 큰 점포보다 잘 되는 경우는 비일비재하다. 입지조건이
좋다면 당연한 일이다. 또한 분명한 노하우를 갖고 있어서 그럴 수도 있
다. 그 점포만의 비법이 있고 경영능력을 갖추고 있기 때문이다. 이처럼
독특한 노하우나 아이디어가 있을 때만 작은 점포로도 충분하다.

17) 건물주가 장사하는 곳

건물주나 그의 친척이 같은 건물에서 장사를 하는 경우가 있다. 이때
는 유사한 업종을 해서도 안 되고 다른 업종이라도 곤란하다. 게다가 장
사가 잘 되어도 곤란하고 안 되어도 곤란하다. 장사가 잘 되면 주인이

욕심을 내기 쉽고, 심지어 내쫓기는 경우까지도 있다. 이때는 권리금도 당연히 못 받는다.

한편, 일부 악덕 건물주들도 종종 그런 횡포를 저지른다. 그렇다면 이런 건물주는 어떻게 알아볼 수 있을까? 간접적으로 알 수 있는 방법이 하나 있다. 보증금과 월세가 어느 정도인가를 보면 된다. 일반적으로 보증금과 월세가 주변 점포에 비해 월등히 높다면 일단 이런 건물에는 들어가지 않는 것이 좋다.

18) 보도 폭이 좁은 곳

건물의 구조나 대지구조가 고객의 점포 접근을 저해하는 경우가 많다. 고객의 접근을 막는 것 중 하나가 보도 폭이다. 그 외에도 점포 전면의 길이, 점포 출입구의 위치와 크기 등도 이에 속한다.

점포 앞 보도 폭이 좁으면 심리적인 요인으로 인해 빨리 걷게 되어서 시계도 좁아지지만, 보도 폭이 좁은 것 자체가 시계를 벗어나게 되어 점포를 그냥 지나치게 된다.

특히 버스정류장 앞이 이렇게 보도 폭이 좁으면 그 앞 점포에 불리하게 작용한다. 버스를 타기 위해 모여든 사람들 때문에 점포 전면이 차단되는 경우가 많기 때문이다. 따라서 보도 폭이 2.5m 미만일 때는 그 앞 점포는 신중하게 결정하라.

(6) 사업타당성 분석

아이템과 상권, 입지를 알면 매출액 추정이 가능하다. 매출액을 알면 월 수익을 알게 되고, 월수익을 알면 당연히 투자대비 수익률을 알 수 있다. 투자대비 수익률을 알면 사업타당성유무 파악이 가능하다.
(자세한 것은 2부 '창업기초 실무와 점포경영전략' 편 첫장을 참고하라)

(7) 점포계약

상가건물임대차보호법을 이해하고, 계약을 할 때는 먼저 점포주와 점포권리양도계약서를 작성하는데 여기서 점포에 관련된 제반사항(보증금과 월세, 권리금, 제세공과금 정산문제, 비품목록 등)을 적시하여야 좋다. 그리고 점포권리양도계약 중도금이나 잔금 시에 건물주와 점포임대차계약을 체결하는 것이 일반적이다.
물론 입지가 좋지 않은 곳은 권리금 자체가 미미한 수준이므로 바로 건물주와 임대차계약을 체결하기도 한다.

6. 주택지 상권분석과 입지조건분석

주택지 상권은 가장 쉽게 접하고 이용할 수 있는 상가이다. 대부분은 적은 자본으로 장사를 시작한다. 그만큼 시작하기가 쉽다. 쉽게 만날 수 있는 상가이기 때문에 '나도 웬만큼은 이 상권에 대해 알고 있다.' 라고 착각하기도 쉽다.

하지만 막상 접해보면 그렇지 않다. 어느 지역 상권보다 파악하기 어려운 것이 바로 주택지 상권이다. 그렇다면 그 이유는 무엇일까?

주택지 상권은 대부분 그 상권만의 특성이나 색깔이 없기 때문이다. 유동인구가 많지 않기 때문에 오직 거주하는 세대수와 소득수준, 주요 연령층 정도가 상권파악의 잣대가 될 뿐이다.

이처럼 주택지 상권은 그 특성과 상권의 발전성 여부를 파악하기가 애매모호한 경우가 많다. 하지만 방법이 없는 것은 아니다.

우선 상권이 번성할 수 있을지 알아내기 위해서는 그 상권 내에 있는 점포 수를 기준으로 파악해보면 된다. 지역에 따라 약간의 차이는 있지만 대개 지하철역, 버스정류장, 재래시장 입구 등에 상권이 크고 작게 형성되어 있다.

이때 어떤 지역에서는 버스정류장 부근에 점포가 제일 많고 또 어떤 지역에서는 재래시장 입구의 상권이 제일 클 수도 있다. 이때는 당연히 번성하고 있는 점포수가 많은 상권에 들어가야 한다.

(1) 점포 숫자로 주택지상권 파악하는 방법

점포 숫자	상권력	급지	실평수	평당 임대가	보증금	월 임대료	권리금	점포 구입비
점포수 70~80개 이상인 상권	상권이 매우 좋다	A B C	10 10 10	1,000 이상 700 300	4,000 2,000 1,000	120 100 40	8,000 4,000 2,000 이하	1억 2,000 6,000 3,000 이하
점포수 40~50개 인 상권	상권이 좋은 편임	A B C	10 10 10	700 400 200	2,000 1,000 500	100 60 30	4,000 2,000 500 이하	6,000 3,000 1,000 이하
점포수 20~30개 인 상권	상권이 약함	A B~C	10 10	400 200	1,000 500	60 30	2,000 -	3,000 500

(1층 10평 기준, 단위: 만 원)

1) 점포수가 70~80개 이상이면 번성하는 주택지 A급상권이다

보통 사방 60~70m 이상 상가로 이어져 있는 상권이다. 이런 곳은 지방소도시 도심권만큼 상권력이 강하다.

이러한 상권 배후지세대는 7,000~8,000세대 이상이다. 이처럼 점포수가 70~80개인 상권은 번성하고 있는 상권이므로 임대가와 권리금이 다른 주택지 상권에 비해 비싸다.

즉 A급지는 역세권의 B급지 수준으로서 평당 임대가가 1,000만 원 안팎, 권리금이 8,000만 원 내외이다.

2) 점포수가 40~50개인 상권이면 번성할 가능성이 있는 주택지 B급상권이다

신도시의 역세권처럼 이러한 주택지 상권은 A급지와 B, C급지 간의 차이가 심하다. 배후지세대는 4,000~5,000세대에 이른다. 이곳의 A급지는 점포가 70~80개 있는 상권의 B급지 수준으로서 평당 임대가가 700만 원 안팎, 권리금이 4,000만 원 안팎이다.

3) 점포수가 20~30개인 상권이면 장래가 불투명한 주택지 C급상권이다

주택지에는 이런 상권이 많다. 주부 상대나 어린 학생들을 상대로 필수품을 판매하는 점포가 대부분이다. 따라서 답보상태이며 권리금 또한 1,000만 원 이하가 많다. B, C급지는 아예 무권리도 많다.

(2) 주택형태로 상권 파악하는 방법

주택의 형태에 따라서도 상권을 파악할 수 있다. 주택형태는 단독주택, 다세대, 다가구, 연립, 저층아파트, 고층아파트 등이 있다.

1) 단독주택 또는 다세대, 다가구가 대부분인 곳은 좋은 상권이 아니다

단독주택이 대부분인 곳은 세대수가 적고 주거연령과 소득수준이 높은 경우가 많은 고소득층 거주지역의 주택형태이다. 다세대, 다가구가 대부분인 곳은 세대수는 많으나 주거연령이 비교적 젊고 아이들도 어리다. 중산층이 주류를 이루며 시 외곽 신흥지역 쪽에 많이 보이는 주택형태이다. 주택지 C급상권이 많다.

2) 단독주택, 다세대, 다가구가 혼합되어 있는 곳은 비교적 좋은 상권이다

세대수가 많고 주거연령도 중·장년과 초·중고생이 많다. 소득수준은 중산층과 저소득층이 주류를 이루며 대부분 재래주택 형태이다. 주택지 B급상권이 많다.

3) 단독, 다세대, 다가구, 연립, 아파트가 섞여 있는 곳은 주택지 상권으로는 가장 좋다

세대수가 매우 많고 주거연령, 소득수준이 비교적 다양하다. 재개발된 지역에서 보이는 형태로서 상권규모가 크게 형성된다. 주택지 A급상권이 많다.

주택과 건축용어 상식

쉬어가기 12

다세대주택 : 단독주택 형태이지만 2세대 이상, 20세대 미만이다. 3층 이하에 총 건축면적이 200평 미만이며 세대별로 등기와 분양을 할 수 있다.

다가구주택 : 다세대주택과 건물형태가 같으며, 1999년 5월부터 세대별 등기나 분양이 가능하다.

연립주택 : 4층 이하의 건물로 총건축면적이 200평 이상이다.

아파트 : 5층 이상의 건물로 총건축면적이 200평 이상이다.

건폐율 : 대지면적에 대한 건축면적의 비율을 말한다. 대지 100평에 건축 바닥면적(1층의 면적)이 70평이라면 건폐율은 70%이다.

용적률 : 대지면적에 대한 총건축면적(각층의 총면적)의 비율을 말한다. 100평의 대지에 총건축면적이 200평이라면 용적률은 200%이다.

연면적 : 건평을 모두 합한 면적이다.

(3) 업종분포도로 입지 파악하는 방법

1) A급지 : 은행, 금은방, 안경점, 유명의류 직매점, 커피 전문점, 제과점, 화장품전문점 등 주로 선매품이나 고가품, 그리고 패스트푸드 류가 밀집해 있다.

2) B급지 : 문구점, 완구점, 속옷가게, 신발가게, 유아복 및 유아용품점 같은 생필품을 취급하는 업종이 주류를 이루며 각종 전문음식점이 밀집해 있다.

3) C급지 : 카센터, 우유대리점, 표구점, 수석가게, 이발소, 철물점, 자전거 및 오토바이 가게, 부동산 중개업소(최근에는 부동산 중개업소도 A급지에 입지하는 경우가 드물지 않다), 낚시용품점, 신문 보급소 등 기술위주의 서비스 업종이 주류를 이루며, 배달전문점이 이곳에 입지한다.

7. 업종별 핵심 키워드와 입지전략

외식업, 판매업, 서비스업 기타 인터넷비지니스 등은 창업에 있어서 무엇이 가장 중요할까? 입지일까, 아니면 점포크기일까, 그도 아니면 차별화된 마케팅이나 서비스일까 ?

창업 초보자들은 이와 같은 의문을 가질 것이다. 물론 모두 중요하다. 하지만 업종별로 그 중요도의 비중이 다를 수밖에 없다. 업종별로 핵심

업종별 핵심 키워드와 입지전략

구 분		핵심 키워드	적정상권, 입지	상권의 범위	동업종간 경쟁 유무	*입지전략
외식업	일반외식업	입지	모든 상권 B급지 이상	반경 500m 이내	보완과 경쟁	각 입지 전략은 본문 중 참고
	전문외식업	입지 + 맛	B급지 충분	반경 1~2km	보완과 경쟁	
도소매업 (판매업)	생필품	입지 + 상품	주택지 B급지	반경500m이내	경쟁	
	선매품	입지 + 상품력	A급지	반경 1~2km	보완과 경쟁	
서비스업	기술위주 서비스업	영업력 (기술, 서비스, 마케팅)	모든 상권 C급지	반경 1~2km	원칙적으로 경쟁/ 특화 가능	
	소규모 서비스업	입지 + 영업력 (기술, 서비스, 마케팅)	B급지 이상	반경 500m이내	경쟁	
	대규모 서비스업	입지 + 규모 + 영업력 (서비스, 마케팅)	B급지 이상	반경 1~2km	원칙적으로 경쟁/ 보완 가능	
소호(인터넷)		영업력(기술, 서비스, 마케팅능력)	…	광역	원칙적으로 경쟁	

키가 다르고 상권의 범위가 다름에 따라서 입지가 중요한 것이 있는가 하면, 상품력이 중요한 것도 있고, 또 점포크기나 서비스의 질이 더 중요한 것도 있다는 것이다.

각 업종마다 위와 같이 분류되며, 이에 따라 적정상권과 입지, 그리고 상권의 범위가 다르며 또한 동업종 간의 보완과 경쟁유무에 따라서 입지전략이 달라진다. 하고자 하는 업종에 맞는 입지와 점포크기에 들어가야 함은 너무도 당연하다. 그런 연후에야 비로소 서비스나 마케팅도 힘을 발휘하게 된다.

여기에서의 업종분류는 산업분류표나 영업허가에 따른 업종구분이 아니라 그 업종의 특성에 따른 구분이다.
(우선은 외식업에 대해 간단하게 살펴보고, 자세한 것은 2권 '실전 상권분석과 점포개발' 편에서 설명한다.)

같은 위치의 점포라도 업종에 따라서 상권의 범위가 달라진다고 했다. 물론 업종에 따른 상권의 범위는 어떠한 제약조건이 없을 때 가능한 최대상권의 범위일 뿐, 실제로는 각종 요인에 의해 좁아진다. 경쟁점포에 의해서 상권이 단절되고, 앞에서 보았듯이 5가지 요인에 의해서도 상권이 단절된다. 당연히 상권입지조건 분석 시에 이의 조사는 필수적이다.
비록 이론상이지만 업종별로 상권의 범위를 알아야 하는 이유는 첫째로 입지선정 시에 경쟁업소 파악 범위가 되며, 둘째로는 창업 후 마케팅 활동의 범위가 되기 때문이다.

(1) 일반 외식업의 특성과 상권의 범위

소규모음식점, 각종 분식 등 노하우가 특별히 필요 없는 일반음식점은 입지에 의해 매출이 결정된다. 즉 주고객의 대부분이 걸어서 오는(차량 이동이 아님) 소비행태를 보이므로 그만큼 배후에 근거를 두고 있는 사람들이다. 따라서 주택지상권이든 역세권이든 최소 B급지 이상에서 하는 것이 좋다. 경쟁업소보다 입지가 떨어지면 그만큼 매출감소로 이어진다는 것이다.

이와 같은 일반음식점은 상권의 범위가 보통 500m 이내이다. 즉 음식의 특별한 맛에 의해 고객이 오는 것이 아니라 눈에 띄고 접근하기가 좋아야 이용한다는 것이다. 따라서 일반 음식점은 전문음식점에 비해서 단골화하기가 어려운 단점이 있는 반면에 입지만 좋으면 창업초보자도 장사하기 쉬운 장점이 있다.

한 가지 유념할 것은 맥주전문점(호프전문점)이나 아이스크림점, 커피숍 등은 입지 이외에 분위기의 차별화가 매출요인으로 작용하면서 일반외식업과 전문외식업의 양 특성을 보이고 있다는 점이다.

(2) 전문외식업의 특성과 상권의 범위

패스트푸드점(대형), 전문 한식점, 대형 일식횟집 등 노하우가 필요한 전문음식점은 입지도 중요하지만 맛도 무시할 수 없다. 따라서 이러한 전문 음식점은 입지가 조금 떨어지더라도 가능하다. 즉 주택가 B급지면 충분히 승산이 있다. 또한 역세권 B급지라면 최적의 입지가 된다.

전문음식점은 상권이 넓어서 1차 상권의 범위가 1~2km나 된다.

전문점을 하려면 가시성이 좋은 도로변 주차공간이 확보된 곳이나 주택지 상권은 우회하는 대로변보다 버스정류장이나 지하철역으로 가는 단거리 골목길이 오히려 낫다. 하지만 이때에도 음식점이 모여 있어서 상호보완이 되는 곳이어야 한다.

(3) 외식업의 입지전략

음식점은 상호 보완과 경쟁관계에 있기 때문에 중소형음식점의 입지는 반드시 음식점이 모인 곳에서 해야 한다. 즉 중소형음식점을 나홀로 독자적으로 창업을 해서는 곤란하다는 것이다. 경쟁점들이 모인 곳에서 하되 다만 경쟁력을 갖추었을 때 해야 하는 것은 너무도 당연하다 경쟁점포에 비해 입지나 점포크기에서 우위에 있어야 경쟁력에 있다.

이 점이 동일업종 간에 오로지 경쟁관계에 있는 서비스업이나 생필품들의 입지전략과 확연히 다르다.

즉, 서비스업이나 생필품들은 나홀로 독자적인 창업이 가능하며 중간 저지전략이 가능한 것에 반해 음식점은 그러한 전략을 구사해서는 절대로 안 된다는 것이다. 호프전문점이나 커피전문점 등이 바로 경쟁관계에 있으므로 경쟁점을 피해서 입지해야 한다. 바로 이 점이 일반외식업·전문외식업 입지전략과 다르다

한편, 예외적으로 음식점의 경우 잘 되는 대형음식점 바로 옆이나 앞에서 작은 점포로 창업할 수 있다. 외식업 입지전략으로 보면 입지나 점포규모에서 우위에 있지 못하므로 절대적으로 피해야 할 것 같지만 그렇지 않다.

이는 대형음식점의 덕을 보는 경우이며, 이때에 바로 마케팅 전략 중

가격전략이나 품질전략이 빛을 발휘할 수 있는 절호의 기회이기도 하다.

외식업은 핵심 5가지 요소, L(location, 입지), Q(quality, 품질, 맛), C(cleness, 청결), S(service, 서비스), V(value, 가치, 음식가격 대비 만족도)를 항상 점검하되 일반음식점은 입지, 전문음식점은 입지와 맛(분위기)이 가장 중요하다는 것을 염두에 두라.

8. A급 점포 판별법

지금까지 우리가 배웠던 상권분석, 입지조건 분석도 결국 이 A급 점포를 찾기 위한 목적 때문이었다. 우선 상권 및 입지조건 분석에서 언급했던 A급지와 지금 설명할 A급 점포와의 차이점을 살펴보자

A급지란 입지조건만을 분석한 것이다. 그런데 A급 점포란 점포의 입지조건뿐만 아니라 권리금까지 분석한 것이다. 즉 A급 점포가 되기 위해서는 어떤 조건보다도 반드시 권리금이 낮아야 한다. 아무리 점포위치가 좋아도 권리금이 비싸면 좋은 게 아니기 때문이다.

즉 다음과 같은 경우를 A급 점포라고 한다.

> 입지조건이 좋고(↑) 권리금이 낮은(↓) 점포
>
> 투자대비 수익률이 높고(↑) 권리금이 낮은(↓) 점포

권리금이 싸면 그만큼 총투자비용이 내려간다. 투자대비 수익률은 당연히 투자비용이 내려간 만큼 올라간다. 이 둘은 서로 유기적인 관계다.

한편 장사가 잘 되어 투자대비 수익률이 높은 C급지의 점포도 A급 점포라고 할 수 있을까?

지금까지 상권분석과 권리금 분석에서는 C급지에 있는 이런 점포는 좋지 않고 권리금도 제대로 평가해서는 안 된다고 했다. 당연히 절대기준으로 보면 A급 점포가 아니다. 하지만 무엇보다도 자기자금에 맞추어서 점포를 구하는 것이 최우선이다. 절대적으로 좋은 A급 점포도 있지만, 자기자금에 맞는 곳 중에서 가장 나은 점포를 찾아내는 일이 더욱 중요하다. 한마디로 말하면 같은 조건에서 상대적으로 좋은 점포도 A급 점포라고 할 수 있다.

생활정보지 등에 실린 각종 매물광고를 보라.

'A급', 'A급 가게', 'A급 물건', 'A급 시설' 등 온통 A급 물건이라는 말뿐이다. 여기서 A급이란 대부분 시설에 중점을 둔 말일 경우가 높다. 이 시설에 현혹되었다가는 어떻게 된다는 것을 여러분은 이미 잘 알고 있지 않은가? 그래서 더욱 신중해야 한다. 하지만 A급 점포를 파악하기란 그리 쉽지 않다. 간단히 살펴보기로 한다.

- ● A급지에 있고 권리금이 낮으면 A급 점포
- ● 같은 입지조건에서 권리금이 낮으면 A급 점포
- ● A급지와 B, C급지 간의 경합은 투자대비 수익률로 따져라

A급지 점포와 B, C급지 점포는 입지조건에서는 애당초 게임이 되지 않는다. 당연히 A급지 점포가 A급 점포이다. 하지만 실제로는 이론처럼 되지 않는 경우가 많다.

막상 점포를 계약하려고 보면 갈등할 일이 많다. A급지에 있는 점포는 다 좋은데 권리금이 비싸고, B급지에 있는 점포는 손님이 적지만 권리금 또한 적어서 괜찮은 것 같고 이럴 때는 복합적으로 우열을 가려야 한다.

같은 조건·매출이면 손익분기점이 낮은 점포가 A급 점포

만약 입지조건이 다르다면 손익분기점으로 파악할 이유가 없다. 그럴 때는 투자대비 수익률로 비교하면 된다. 입지조건, 점포크기, 매출이 같을 때는 손익분기점을 낮출 수 있는 점포가 더 낫다.

손익분기점을 낮출 수 있다는 것은 무슨 말인가? 결국 인건비를 줄여도 되는 업종과 좀 더 궁합이 맞는 점포를 의미한다. 이것은 제2장 아이템선정전략 '점포크기와 적정업종' 편에서 이미 설명했으므로 다시 한번 확인해 보기 바란다.

9. '뜨거운 감자' 권리금 분석

(1) 권리금의 개념과 성격

1) 권리금의 개념

창업을 하고자 하는 사람들에게 예상치도 못한 문제가 발생하는데, 여기에서 너무도 '황당하다' 는 생각에 그만 창업을 포기하는 사람들이 수도 없이 많다. 막상 점포를 구하러 다니다보면 전혀 뜻밖의 문제에 봉착하게 되는데 이것이 바로 '권리금'이다.

① 권리금은 영업권과 시설에 대한 보전금액이다.

권리금은 1년 동안의 순수익의 합과 입지조건을 기준으로 점포크기 및 시설비 등을 감안하여 평가한다. 즉 권리금이란 점포를 팔 때 포기해야 하는 영업수익과 시설비의 합이다.

다시 말하면 점포를 팔지 않고 영업을 계속한다면 그 주인은 계속 수익을 얻는다. 바로 그 수익을 포기한 것에 대해 금전적으로 보상해주는 것, 즉 영업권에 대해 인정한 금액과 인테리어 및 비품 등에 대한 금액(이하 '시설비' 라 칭함)까지를 포함한 금액이다.

영업권과 시설비에 대해 권리금을 인정하는 것이 원칙이나 결국 이것도 입지에 기초해야 한다.

② 입지(장소) 선점에 대한 프리미엄(속칭 '바닥권리')이다.

이 입지선점에 대한 프리미엄이 이미 지역마다 형성되어 있는 권리금이다. 따라서 상권과 입지조건분석이 매우 중요하다는 것이다. 권리금은 장사가 되는 곳에 형성된다. 장사가 되지 않는 곳은 아무리 시설이 좋고 점포가 커도 소용없다. 이런 곳은 대부분 권리금이 없다.

또 불황에는 장사가 안 되기 때문에 아예 권리금이 없는 곳이 많다. 유명 역세권 B급지에 있는 점포들도 장사가 안 되어 순수익이 없는 곳도 있다. 그럼에도 불구하고 이런 곳은 권리금이 있다. 그 이유는 무얼까?

그것이 바로 그 장소의 자리 값이다. 속칭 바닥권리라는 것이다. 이러한 상권과 입지조건의 차이가 권리금의 차이로 나타난다.

2) 권리금의 성격

① 권리금은 법적·제도적 장치가 없고, 관습적으로 인정되는 금액이다.

사실 권리금에 대해 명확히 규정된 것은 없다. 이처럼 권리금은 법적·제도적 장치가 없어서 문제의 소지를 안고 있기는 하다.

현실적으로 점포를 사고팔 때 건물주는 세입자끼리 주고받고 있는 권리금에 대해 어떠한 간섭도 하지 않으며 보호 또한 해주지 않는다. 바로 이 점이 장사를 하려는 사람들로서는 불안하기 짝이 없는 것이다.

그렇다면 권리금 문제는 어떻게 해야 하는가? 현재 이루어지고 있는 상거래 관행 내에서 최대한 피해를 줄이는 길로 가면 된다.

건물주의 권리금 보장이 무슨 필요가 있는가? 건물주와 권리금은 전혀 별개이다. 건물주는 임대료만 제때에 받으면 그 점포에 대해 더 이상의 권한을 행사할 수 없다.

실정이 이러함에도 일부 창업서적에 '권리금을 건물주한테서 인정받아야 한다.' 라고 써서 문제를 야기했던 적이 있었다. 물론 그 저자는 단순히 '창업자를 보호해야 한다' 는 충정으로 그렇게 썼겠지만, 그 글을

읽은 일부 예비창업자들이 점포계약 시 건물주에게 '권리금을 명시해 달라'는 엉뚱한 요구를 하여 건물주가 점포 주인을 쫓아 내는 일이 종종 발생하곤 하였다.

② 권리금은 살아 움직이는 돈이다.

권리금은 매도할 때 매수자에게서 받으므로 거의 보장된 금액이나 마찬가지이다. 이처럼 권리금은 살아 움직이는 돈이다. 죽은 돈이 아니다.

점포를 매도할 경우에 다음 인수자에게서 권리금을 보장받을 수 있으므로 걱정할 필요가 없다.

③ 권리금을 보면 상권이 보인다.

권리금은 장사가 되는 곳에 형성된다. 장사가 되지 않는 곳은 아무리 시설이 좋고 점포가 커도 소용없다. 이런 곳에 누가 권리금을 주고 들어가겠는가.

이처럼 권리금은 그 상권을 반영하고 있다. 또한 역으로 상권이 좋으면 권리금이 있고, 상권이 나쁘면 권리금이 없다. 즉 상권은 권리금을 결정한다.

이와같이 권리금을 보면 상권이 좋고 나쁨을 알 수 있다. 하지만 생활정보지를 보면 주택지 상권의 비슷한 장소, 비슷한 크기라도 매도자들의 욕심에 따라 권리금이 천차만별이다. 그렇기에 초보자들은 도대체 어떤 것이 좋은지 나쁜지, 권리금이 비싼 것인지 싼 것인지 구별을 못하고 혼란스러워 하고 있는 것이 현실이다. 어쨌든 보편적이고 타당성 있는 정상적인 권리금을 보면 그 상권을 알 수 있다.

그렇기 때문에 '권리금 있는 곳에서 장사하는 것이 좋다'는 것이다.

현재 아무리 장사가 안 되는 점포일지라도 시설비가 들지 않은 점포는 없다. 빈 땅에서 헤엄칠 수 없듯이 빈 점포에서 장사를 할 수는 없다. 당연히 업종에 맞는 시설을 해야 한다. 그뿐인가? 각종 집기와 비품, 간판, 광고선전비 등 이루 말할 수 없는 경비가 들어간다. 그런데 이미 장사를 하고 있는 점포에는 그러한 시설들이 다 되어 있다. 그러므로 낡았으면 낡은 만큼 감가상각해서 계산한다. 또한 전 주인이 영업을 궤도에 올리기 위해 기울인 노력을 감안하여 입지조건이 좋으면 시설비만이라도 보전해주는 것이 합리적이다.

나만 생각해서야 되겠는가. '역지사지'가 정말 필요한 대목이다.

(2) 권리금산정기준

권리금은 1년 동안의 순수익의 합과 입지조건을 기준으로 점포크기 및 시설비 등을 감안하여 평가한다.

점포를 보면 권리금이 가지각색이다. 권리금이 없는 것도 있고, 또 어떤 것은 몇 억까지도 한다. 아무리 보아도 도대체 이 권리금이 이 점포에 합당한지 아니면 터무니없는 액수인지 알 길이 없다.

하지만 깊이 있게 보면 권리금도 일정한 원칙 아래에서 움직인다는 사실을 알 수 있다. 장사가 안 되는 점포에 권리금이 있을 리 없고, 장사가 잘 되는 점포에 권리금이 없을 리 없다.

권리금을 보면 월 순수익과 투자대비 수익률을 알 수 있다

권리금은 1년 동안의 순수익의 합과 시설비를 합쳐 계산한다. 그렇다면 거꾸로 권리금을 보고 1년 동안의 순수익도 알 수 있으며 월 순수익도 알 수 있지 않을까?

잘 되는 업소를 유심히 보라. 대부분 장소가 좋다.

상권이 좋은 A급지라는 뜻이다. 이렇게 목이 좋은 곳은 특히 불황기 때 톡톡히 그 구실을 한다. 이러한 곳의 권리금은 호황일 때나 그다지 차이가 없다. 월 순수익이 좋기 때문에 급하게 팔 이유가 없다. 받고자 하는 금액을 다 받을 수 있다. 그러나 목이 나쁜 곳을 보라. 특히 주택지 상권의 C급지나 신도시 상권의 C급지 등은 장사가 안 되기 때문에 아예 권리금이 없는 곳이 많다. 최근에는 일부 유명상권 C급지 같은 곳에서도 종종 권리금 없이 점포를 매도하려는 곳이 생기고 있다. 이런 곳은 장사가 안 되기도 하지만 앞으로도 힘들 것이라고 여겨 업주가 아예 포기했기 때문이다.

여하튼 권리금을 보면 월 순수익을 알 수 있다. 예를 들어 신촌상권 A급지 1층 10평 크기의 고급재 시설을 한 점포가 권리금 1억 3,000만 원에 매물로 나왔다고 해보자. 이 권리금 속에 1년 동안의 수익과 시설비가 들어 있는 것이다. 입지조건이 좋고 장사가 잘 되면 시설비조로 권리금을 더 주기는 하지만. 그렇다면 총 권리금 1억 3,000만 원에서 시설비 3,000~4,000만 원을 빼면 9,000만~1억 원이 된다. 이것이 바로 1년 동안의 순수익이다. 따라서 월 순수익은 700~800만 원이다.

여기에서 우리는 이 권리금이 합당한 것인지 아닌지를 판단할 수 있다. 월 순수익 700만 원 정도가 확실히 보장되고 있는 점포라면 당연히 권리금을 많이 주더라도 점포를 구입해야 한다.

한편 위의 예에서 보면 투자대비 수익률도 알 수 있다. 위의 점포는 보증금, 권리금, 시설개·보수비를 합쳐 약 2억 3,000만 원대의 투자비가 든다. 월 순수익 700~800만 원이므로 투자대비 수익률은 약 3~4% 정도가 되는데 투자대비 수익률이 양호한 점포이다. 이와 같은 투자대비 수익률이라면 당연히 좋은 입지의 점포라는 뜻으로, 점포를 구입해도 좋다는 기준을 제시하고 있다.

(3) 적정권리금 도출 방법

적정권리금을 도출하기 위해서는 입지조건별 권리금 산정방법과 실제 이미 형성되어 있는 상권별 권리금 현황을 활용하여 조율해야 가능하다. 물론, 권리금은 점포크기에 따라서, 또한 점포층수에 따라서도 달라지므로 그 모든 상황에 맞게끔 권리금을 도출할 수 있어야 한다.

(창업의 기본지식 함양에 본 교재의 목적이 있으므로 제2권 「실전 입지분석과 점포개발」에서 자세히 설명한다.)

10. 점포계약 – 계약자유의 원칙과 제한

지금까지 모든 시간과 정열을 다 바쳐 A급 점포를 구하려고 애써왔다면 이제 계약으로 그 대미를 장식할 차례이다. 계약은 곧 점포구하기의 끝이자 창업의 출발점이기도 하다.

계약은 누구나 다 알고 있는 상식이라고 생각하지만 막상 제대로 아는 사람은 그리 많지 않다. 대부분 잘못 알고 있거나 일부분만 알고 있을 뿐이다. 창업을 하려는 사람이라면 반드시 계약에 관해 알아야 할 것이 있다.

(1) 계약자유의 원칙과 제한

1) 도장 찍은 순간 효력발생

계약은 체결한 내용대로 법적인 효력이 발생하므로 설사 나중에 그것을 이행하고 싶지 않더라도 그만한 대가를 치러야 한다. 매우 간단한 사항이라도 위반한 쪽이 책임을 져야 한다. 그러므로 계약하기 전에 여러 가지 사항을 꼼꼼히 챙겨보고 계약내용도 신중하게 작성해야 한다.

2) 계약자유의 원칙

사적자치의 원칙은 소유권 절대의 원칙 및 과실 책임의 원칙과 더불어 근대민법의 3대원칙을 이루고 있다. 그 가운데서 사적자치의 원칙은 개개인의 사법관계를 각자의 의사에 의하여 자유로이 규율하게 하려는 것으로서, 가장 전형적인 표현이 바로 "계약자유의 원칙"이다.

계약은 법률에 의해 제한되지 않는 한 누구나 자유롭게 할 수 있다.

계약을 체결하는 것 자체도, 방식도, 내용도, 그리고 상대방을 선택하는 것도 자유이다. 자유가 있는 만큼 당연히 책임도 따른다.

3) 계약자유의 원칙에 대한 제한

① 계약체결의 자유와 그 제한

계약체결당사자의 한쪽이 다른 쪽에 대하여 특정내용의 계약을 체결하여야 할 법률적 의무를 부담하는 경우에 계약체결의 자유가 제한된다. 즉 계약체결이 강제된다. 이는 사법보다는 공법에 의해 발생하는 경우가 많다. 예를 들어 독점공기업의 체약강제 등이다.

② 계약내용 결정의 자유와 그 제한

첫째 강행법규에 의한 제한, 사회질서에 의한 제한, 셋째 '규제된 계약'과 계약내용의 제한 등이다.

③ 약관의 효력과 그 제한

약관이란 기업 또는 개인이 그가 장차 체결하게 될 계약의 내용으로 하기 위하여 미리 일방적으로 작성한 정형적 계약내용 내지 계약조건으로, 그 자체로는 상대방을 구속할 수 없으나 계약을 체결하면 구속하게 된다. 이는 상관습이나 당사자의 합의에 근거를 두고 있다. 다만, 가맹사업거래의 공정화에 관한 법률에 의해 약관의 내용에 대하여 여러 가지 제한을 가하고 있는데, 이는 불리한 지위에 있는 가맹자를 보호하기 위한 것이다. 대체적인 내용은 다음과 같다.

첫째, 약관의 해석 : 약관은 신의성실의 원칙에 따라 공정하게 해석되어야 하며, 고객에 따라 다르게 해석되어서는 아니 되고, 뜻이 명백하지 아니할 때에는 고객에게 유리하게 해석되어야 한다.

둘째, 계약내용의 통제 : 신의성실의 원칙에 반하여 불공정한 약관 조항은 무효로 하며, 고객에게 부당하게 불리한 조항이나 계약의 목적을 달성할 수 없을 정도로 본질적 권리를 제한하는 조항은 공정을 잃은 것으로 추정하는 등 제약을 가하고 있다.

(2) 계약 전 반드시 확인해야 할 사항

점포를 계약하기로 마음을 정하고 나면 흔히들 계약금, 중도금, 잔금을 준비하느라 정신이 팔려서 소홀히 하는 점이 있다. 바로 점포건물의 법적인 하자, 신고 및 허가사항, 점포주의 매도의도 등이다. 이미 충분히 준비하고 검토했다 해도 이것은 다시 한 번 짚고 넘어가야 한다. 계약 한번 잘못했다가 완전히 망할 수도 있으므로 그만큼 신중해야 한다.

1) 점포주의 매도의도 확인

점포주가 인근에서 큰 점포를 하려고 지금 하고 있는 점포를 내놓는 경우가 있다. 물론 상도의에 어긋난 행위이지만 실제로는 이런 일이 종종 일어난다. 그러므로 점포주와 계약을 할 때 아예 권리양도계약서에 "반경 300~500m 이내에서는 유사한 가게를 하지 않으며 만약 이를 어겼을 때는 이 계약을 무효로 한다. 또한 이에 따른 손해를 아울러 배상하기로 한다."라는 단서조항을 달기 바란다.

2) 점포건물의 법적 하자 여부 확인

입지조건분석편에서 이미 설명했으므로 생략하지만 등기부등본과 도시계획확인원, 그리고 건축물관리대장은 반드시 떼어 보고 권리분석을 해야 한다.

3) 신고 및 허가 관련 사항 확인

어떤 업종을 하든 일단은 신고 및 허가 관련 사항을 알아본 다음 점포를 구해야 한다. 이 점을 소홀히 하다가 엉뚱한 피해를 입지 않기를 바란다. 업종분석에서 자세히 설명했지만 그밖의 업종에 대해서도 관할청에 전화로 문의하여 확인해보라. 요즘은 친절히 안내해준다.

(3) 점포의 두 가지 계약

1) 점포 권리양도 계약과 점포 임대차 계약

점포가 마음에 들어 계약할 때 당장 누구와 계약을 해야 할지 당황스러울 때가 있다. 주택 같으면 건물주와 계약을 하는 게 당연하지만 점포는 그렇게 단순하지 않다.

우선 점포를 팔려고 내놓은 사람은 현재 장사를 하고 있는 사람이고 이제까지 매수자가 상대했던 사람도 점포주이다. 하지만 한편으로는 점포주도 건물주에게서 세를 얻어 장사를 하는 나그네에 불과하다. 그래서 점포를 얻을 때는 계약을 두 번 해야 한다.

점포에 관한 것은 점포주가 권한을 갖고 있고 권리금 등 모든 부수적인 사항까지도 그와 관련되어 있기 때문에 먼저 점포주와 점포에 따른 모든 권리에 대해서 '권리양도계약'을 해야 한다.

한편 점포는 건물의 일부이므로 점포를 사용하기 위해서는 그 소유주와 점포사용에 대한 임대차계약을 체결해야 한다. 사실 이것은 부수적인 절차밖에 되지 않는다. 점포를 사용하기 위해 보증금을 걸고 월세만 꼬박꼬박 낸다면 건물주와는 하등의 관련이 없다. 물론 점포임대차계약만 하는 경우도 있는데, 이런 경우는 대부분 장사가 안 되어 권리금이 없다시피한 점포일 때가 많다. 권리금이 거의 없는데 권리양도계약이 무슨 필요가 있겠는가?

그런데 장사가 잘 되고 있는 점포에서도 이런 일이 종종 일어난다. 이것이 바로 여러분이 꼭 알아야 할 부분이다.

누구든 자기 권리를 침범하고 간섭하는 것을 좋아할 사람은 없다. 따라서 점포주도 보통은 자기 몫인 권리금을 누구의 간섭없이 처리하려 한다. 그런데 권리금에 대해 간섭하는 건물주가 있으니 문제다. 이런 경우에는 건물주와 임대차 계약을 먼저 하고, 점포주와 권리양도 계약은 눈치를 보면서 해야 한다. 이처럼 건물주가 간섭하는 점포는 결코 좋은 점포라 할 수 없다.

가장 정상적인 계약순서는 먼저 점포주인과 권리양도계약을 맺은 뒤 중도금이나 잔금 치를 날짜에 맞추어 건물주와 임대차계약을 맺는 것이다. 여기서 건물주도 모르는 상태에서 점포주와 덥석 계약을 하는 것이 미덥지 않은 사람도 있을 것이다. 종종 사기를 치는 사람도 있으므로 이 점은 조심해야 한다. 하지만 조금만 주의를 기울이면 이런 문제는 일어나지 않는다.

2) 점포 권리양도계약 시 유의해야 할 사항

— 주민등록증을 대조하여 본인인지를 확인하라

— 대리인(보통 부인이나 남편)과 계약을 할 때도 본인의 계약위임용 인감과 위임장을 받아두라

— 전 점포임대차계약서(점포주와 건물주가 맺었던 임대차계약서), 사업자등록증, 허가증 등을 제시해달라고 하여 확인하라

— 물건의 소재지, 상호, 면적, 임대보증금, 임대료, 시설 및 권리금, 매도 합계금액을 명확히 기재하되 아라비아 숫자보다는 확실하게 한글이나 한자로 써라

— 계약금, 중도금, 잔금일을 기재하되 날짜는 구입자의 자금조건에 맞추어 정하라

— 잔금일의 정산관계 및 명의이전에 필요한 각종 서류 등을 기재하라

— 점포임대차 기간은 통상적인 것으로 정하되 건물주와의 임대차계약에 관하여 매도자가 책임을 질 수 있도록 기재하라

— 비품목록도 정확히 작성하라. 잘못하면 뒷날 분쟁거리가 된다

— 단서조항에 서로 필요한 사항, 즉 '매도자가 가까운 곳에서 유사업종을 하지 않는다', '어떤 조건을 이행하지 못하면 해약할 수 있다' 는 조건을 가능하면 명시하라

— 서명과 날인은 반드시 계약 당사자가 인적사항을 기재한 다음 도장을 찍어라

3) 점포 임대차계약 시 유의해야 할 사항

점포임대차계약은 주택임대차계약과 똑같다. 다만 점포는 2002년 11월 1일부터 상가건물임대차보호법에 의해 특별한 사유가 없는 한 최초

계약일로부터 5년간 보호되며, 주택은 주택임대차보호법에 따라 2년을 보장받을 수 있다.

지금까지 점포는 주택과는 달리 그 건물이 경매로 넘어갈 경우 어떤 보장도 받지 못했으나, 상가건물임대차보호법의 적용을 받는 상가의 경우에는 대항력, 최우선변제권, 변제권 등의 보호를 받을 수 있게 되었다. 점포임대차계약을 할 때는 통상적인 것만 주의하면 문제될 것이 없다.

점포권리 양도 계약서

목적의 표시

물건소재지			
상　　　호		면　　　적	
임대보증금	원정	임대료(월세)	원정
시설 및 권리금	원정	총 매도 금액	원정

위(　)의 매매계약을 체결함에 있어 편의상 매도인을 갑이라 하고 매수인을 을이라 칭하여 아래와 같이 계약을 체결한다.

1. 갑은 점포임대차계약서를 제시하고 을은 계약금으로 일금　원을 지불하며 중도금은　년　월 일에 일금　원을 지불키로 함과 동시에, 또는 잔금을 지불할 때 점포 임대차 계약을 체결하기로 한다.
2. 잔금은　년 월 일에 일금　원정을 지불하고 을은 잔금지불과 동시에 입주하여 영업하기로 한다. 단, 갑은 을의 입주전분까지의 각종 세금 및 공과금과 잡비에 대한 납세필증과 영수증, 기타 제반서류(허가전화)를 을에게 제시해야 하며, 수시로 결정할 수 없는 것은 매도인 잔금에서 계산하여 공제하기로 한다.
3. 비품목록은 별지에 작성하되 계약당일 보유하고 있는 일체가 권리금에 포함되며, 만일의 경우 계약 이후 파손 또는 분실물이 발생할 때는 갑이 책임지고 원상복구하기로 한다.
4. 점포 임대차 기간은　개월간으로 하며, 만일의 경우 보증금 또는 임대료에 변동이 있을 때는 갑이 책임진다. 다만, 임대가의 증감이 통상적인 경우에는 그러하지 아니 하다.
5. 갑은 (　)을 명도한 이후라도 갑의 고의 또는 과실로 인하여 을의 영업에 지장을 초래했을 때는 이에 대한 손해배상의 책임을 지기로 한다.
6. 갑이 이 계약을 위약할 때는 계약금의 배를 을에게 지불하고, 을이 이 계약을 위약할 때는 갑은 을에게 계약금을 반환하지 않는다.
7. 뒷날을 증명하기 위해 계약서 2통을 작성하여 갑,을 각자 1통씩 보관한다.

년 월 일

매 도 인 (갑) _________ (인)　주민등록번호: __________　주소 및 연락처 __________
매 수 인 (을) _________ (인)　주민등록번호: __________　주소 및 연락처 __________
중개업자 _________ (인)　상　　　호: __________　주소 및 연락처 __________

*꼭 명기할 것을 명기만 한다면 어떤 양식을 사용하든 관계는 없다.

부동산 임대차 계약서

1. 부동산의 표시

소재지	구	동(로)	가	번지	
점포위치		면　적		평	기 타
전세(보증)금	원정	임 대 료		원정(매월　일 지불)	

2. 계약조건

제1조 : 위 부동산에 대하여 임대인과 임차인이 서로 합의하여 아래와 같이 계약한다.

제2조 : 위 부동산을 임차함에 있어 임차인은 임대인에게 다음과 같이 전세(보증)금을 지불하기로 한다.

계 약 금	원정은 계약시에 임대인에게 지불하고
중 도 금	원정은　년　월　일 지불하고
잔　금	원정은　년　월　일 지불하고 중개인 입회 아래 지불하기로 한다.

제3조 : 부동산의 명도는　년　월　일에 명도하기로 한다.

제4조 : 전(월)세 기한은 임차인에게 부동산을 명도한 날로부터　개월로 정한다.

제5조 : 임차인은 임대인의 승인 아래 개축 또는 변조할 수 있으나 부동산의 반환기일 전에 임차인의 부담으로 원상 복구하기로 한다.

제6조 : 중개료는 쌍방에서 계약 시에 각각 전(월)세 금액의　%씩을 중개인에게 지불하기로 한다.

제7조 : 임대인이 이 계약을 어겼을 때는 계약금으로 받은 금액의 2배를 임차인에게 주기로 하고, 임차인이 이 계약을 어겼을 때에는 계약금은 무효가 되고 물러달라는 청구를 할 수 없다.

제8조 : 본 계약서 부본을 관할 세무서에 제출함에 있어 계약 쌍방은 중개인에게 이의를 제기할 수 없다. 단, 위 계약조건을 틀림없이 지키기 위하여 본 계약서를 작성하고 각각 1통씩 갖기로 한다.

년　월　일

임대인		주민등록번호		주소 및 연락처	
임차인		주민등록번호		주소 및 연락처	
중개인		상　호		주소 및 연락처	

업이 수성난 (創業易
成難)'이라는 말이 있다.
루어 놓은 일은
어서 지킨다는
의 수성이 어렵다는
말의 참뜻은
에는 또 다른 고심과
력이 필요하다는
일 것이다.
제 우리는 창업의
막 단계인 개업 준비를
는 시점에 와 있다.
럼에도
성을 말한 이유는
업 준비가
업의 마지막 단계이자
성의 첫걸음이기
문이다.

제2부

창업기초실무와
점포경영전략

제1장

창업기초실무

1. 사업타당성 분석

(1) 사업타당성 분석의 기본 이해

사업성 분석이란 창업 이후에 어느 정도의 매출을 올려 일정 수익을 낼 수 있는가를 분석하는 활동이다. 사업타당성 분석은 선별된 창업아이템과 입지를 최종적으로 선택할 것인지 기각할 것인지를 결정하기 위해 한다. 아이템과 입지가 맞아 떨어지지 않으면 당연히 수익성이 떨어질 것이니 사업성이 없다고 판단되면 다른 입지를 찾아야 한다.

사업성 분석은 다음과 같은 유용성이 더 있다.
첫째, 사업성분석을 통해 창업 기간을 단축하게 하여 효율적인 창업

업무를 수행할 수 있다. 둘째, 해당 입지와 업종에 대해 미처 깨닫지 못했던 세부 사항을 알게 되어 효율적인 창업 경영을 도모할 수 있다. 그리고 셋째, 보완해야 할 사항을 미리 확인할 수 있다.

사업성분석은 분석활동을 세 가지로 나누어 볼 수 있다.

제품의 마케팅 및 판매와 관련된 시장 분석, 생산과 관련된 기술 분석, 그리고 이 두 가지 분석 자료를 토대로 한 수익성 분석이 그것이다. 사업성분석의 최종적인 결과물 중의 하나는 바로 수익성에 대한 평가이다. 그래서 사업성평가와 수익성평가는 동의어로 사용되고 있기도 하다.

수익성은 판매, 생산과 관련된 시장분석, 기술 분석을 통해 파악 가능한데, 특히 소자본 점포창업은 아이템과 상권 및 입지를 알면 매출액 추정이 가능하다. 매출액을 알면 월 수익을 알게 되고, 월 수익을 알면 당연히 투자대비 수익률을 알 수 있다. 투자대비 수익률을 알면 사업타당성유무 파악이 가능하다.

따라서 여기서는 매출액 추정과 그에 따르는 수익성분석을 통해 사업타당성 분석에 대해 설명한다.

(2) 매출액 추정과 투자수익률에 의한 사업타당성 분석

사업을 성공으로 이끄는 핵심은 바로 얼마나 파는가이다. 아무리 아이디어가 참신하고, 독특하다 할지라도 팔리지 않으면 소용없다. 창업에서 성장 발전하려면 이익이 실현되는 수준까지 판매되어야 한다. 따라서 매출액의 추정은 매우 중요하다.

상권과 입지조건분석을 통해서 파악한 상권범위 내 배후지 세대 중 독점세대에 의한 매출액과 가망세대에 의한 매출액, 그리고 점포 앞 유동인구유입(배후지거주주민의 유동을 뺀 순수 외부유동인구)에 의한 매출액을 합하여 산출한 매출액이 가장 정확하지만 이는 매우 전문성을 요한다.

따라서 대개 동일상권 내 동일 입지조건 경쟁점포의 매출액(경쟁점포의 내점객수를 비교하여 산출 하는 방법과 동일)과 비교하여 사정보정(입지수준, 점포크기, 그리고 경쟁점포와 자사의 브랜드 인식 정도 및 상품력과 서비스수준 등을 고려하여 가감 수정)해서 산출하고 있다.

위의 매출액 추정방법 이외에도 투자금액으로(투자회전율) 산출하는 방법, 그리고 종업원 수나 점포면적에 의해 산출하는 방법 등 다양하게 있으나 단편적이므로 여기서 설명하는 방법과 혼용해서 종합적으로 판단하는 지혜가 필요하다.

1) 매출액 추정방법

① 경쟁점포의 내점객수를 비교하여 산출
 : 1일 방문객수×1인 구매단가×월간 영업일 수

입지조건이 비슷한 경쟁점포의 데이터를 비교적 객관적으로 가지고 있을 경우나 1일 방문고객수를 직접 조사할 수 있는 경우에 쓰는 방법으로 경쟁점포와 자사의 브랜드 인식 정도 및 상품력과 서비스수준 등을 고려하여 추정한다.

이러한 방법이 실제 매출액 추정 방법 중 정확하다고 할 수 있으나 이는 경험이 풍부한 전문가수준의 능력이 요구된다.

② 통행인구수의 내점율에 의해 산출
 : 통행인구수×내점율×실 구매율×1인 구매단가
×월간 영업일 수

하루 통행인구수를 조사하여 그 중 내점하는 인구를 예측하고, 아이템에 따라서는 실구매율을 조사하여 매출액을 추정하는 방법이다. 하지만 이는 과대하게 내점율이 잡히고 매출액도 과대 계상되는 단점이 있다. 일부 프랜차이즈본사의 경우 내점율에 대한 의도가 다분한 경우도 보인다.

③ 예상고객수 추정 매출액 산출
 : 예상고객수×1인 구매단가×월간 영업일 수

자체점포의 데이터를 가지고 있거나 조사 자료가 있는 경우에 사용되는 방법

④ 목표에 의해 매출액 산출 (손익분기분석에 의한 산출)
 : 월매출원가+월판매비+비지출성비용+희망이익액
= (월 고정비용/마진율)

월 고정비용과 마진율을 통해 매출액을 추정하는 방법으로 얼마를 팔아야 기대한 이익을 얻을 것인가를 정해 이것을 매출액으로 산정하는 것이다.

2) 투자수익률에 의한 사업타당성 분석

① 매출액 추정을 통해 월 수익 파악

간단히 매출액을 추정하는 법을 보자. 먼저 자신의 점포로 유입될 수 있는 수요량을 파악한다.

같은 상권 같은 입지에 있는 동일 업종의 점포를 정하고 그 점포의 방문자 수를 세어보면 간단하게 수요량을 파악할 수 있다. 그리고 이 방문자 수 가운데 몇 퍼센트가 실질적인 수요량이 되는가를 파악하여 내 점포에 적용하면 된다.

이러한 수요량에 고객 1인당 예상 판매액(객단가)을 곱하면 일일 매출액이 산출되며 월 매출액도 산출이 가능하다. 여기에 마진율을 곱하면 매출 총 이익이 산출된다. 여기서 임대료, 인건비, 제세공과금 등 운영비를 제하면 바로 월 순수익이 산출되는 것이다.

② 투자대비 수익률분석 : 총 투자금액에 대한 수익비율

$$월\ 투자수익율\ =\ \frac{월매출액-월지출액}{총\ 투자금액} \times 100\%$$

위에서 보듯이 투자대비 수익률은 월 순수익 ÷ 총 투자비용(보증금 + 권리금 + 시설비 등) × 100%이다.

③ 투자수익률 및 투자비회수기간 판단기준

사업성 판단기준	투자수익률	투자비회수기간
매우 우수	4.3% 이상	2년 이내 회수
우수	3%~4.2%	2~3년 회수
보통	2.2%~3%	3~4년 회수
불량, 매우 불량	2.1% 미만	4년 이상 회수

사업성 판단기준은 경기 즉 시장상황과 맞물려 변동한다. 위의 자료는 불경기 시의 판단기준이다. 경기가 좋아져서 전체적으로 장사가 잘 된다면 한 단계씩 높게 기준을 삼을 수 있다.

(3) 손익분기분석을 통한 사업타당성 분석

손익분기점이란 일정기간 수입과 비용이 같은 액수가 되어 이익도 손실도 없는 매출액을 말한다. 손익 분기점 분석은 왜 하는가? 장사를 하면서 최소한 적자를 면하기 위한 교점이 아닌가?

즉 수익과 지출이 같아지는 점, 이 이상의 수익을 내야 사업을 계속할 수 있다. 손익분기점 분석은 장래 사업을 계속할 것인지 말 것인지 판단할 수 있는 하나의 기준이 되고, 영업 방향까지도 제시해 주므로 분석이 필요한 항목이다.

지출성 비용과 비지출성 비용

(1) 지출성 비용

지출비용의 구분은 크게 매출원가와 판매비 및 일반관리비로 나눌 수가 있다.

가) 매출원가 – 판매상품의 구입비

나) 판매비 및 일반관리비

- 점포임대료 : 점포임대의 경우 월세에 해당
- 관리비 : 전기, 가스, 상하수도료 등의 관리비
- 인건비 : 직원의 급료
- 광고선전비
- 기타제비용 : 통신비, 공과금, 차량유지비, 기타 소모품비 등

(2) 비지출성 비용(실제 지출되지 않는 비용)

- 감가상각비 : 시설투자에 대해 차후 권리금으로 받을 확신이 없을 경우에 감가상각 처리를 해야 하며, 특히 요즘의 환경에 비추어 감가상각 처리하는 게 좋다. 시설투자비는 물론, 소개비, 시장조사비, 상담비, 접대비 등도 마찬가지로 감가상각 처리해주고, 개업 행사에 들어간 개업행사비 및 개업관련 광고비, 비품구입비 역시 감가상각 처리해 준다.
- 이자기회비용 : 점포에 투자한 보증금을 은행에 예금하였을 경우를 상정하여 은행 이자율로 계산하면 된다.
- 점포주 인건비 : 점포주가 타 직장에 근무하였을 경우 받을 수 있는 금액으로 적절하게 책정하여 기회비용으로 처리한다.
- 외부 차입이자 및 할인이자 : 은행 등에 자금을 차입하여 이자가 발생되는 경우에 산정
- 재고감모손실 : 상품의 도난, 망실, 훼손의 경우 비용으로 계상(보통 3%로 책정). 식자재 등 매출원가 개념의 물건이 파손되었을 경우는 매출원가에 산정한다.

손익분기분석을 통해 다음을 알 수가 있다.

첫째, 적자를 없애려면 얼마를 팔아야 하는가?

둘째, 목표이익 달성을 위해서 매출을 얼마나 올려야 하는가?

셋째, 매출이 부진할 경우 어떤 비용을 감소시켜야 하는가?

비용을 줄이는 것은 점포규모나 아이템에 따라서는 운영전략으로 부적합할 수 있지만 판단기준을 제공하므로 유용하다.

추정손익분기점 분석		
항 목	산 출 식	산출금액
손익분기점 매출액	$\dfrac{\text{고 정 비}}{1 - \dfrac{\text{변동비}}{\text{매출액}}} = \dfrac{(\qquad)}{1 - \dfrac{(\quad)}{(\quad)}}$	
목표매출액	$\dfrac{\text{고정비} + \text{목표이익}}{1 - \dfrac{\text{변동비}}{\text{매출액}}} = \dfrac{(\quad) + (\quad)}{1 - \dfrac{(\quad)}{(\quad)}}$	
손익액	매출액−(고정비+변동비)= $(\quad)-((\quad)+(\quad))$	

손익 분기점이란 경제이론에서는 평균수입과 평균비용이 같아지는 점을 가리킨다. 즉, 이 점에서는 정상이윤이 있다.

※평균비용 = 고정비 + 변동비 + 정상이윤

※고정비용 = 인건비, 임대료, 감가상각비, 세금, 광고 선전비 등 판매와 관계없이 투입되는 비용

※변동비용 = 상품의 재료비, 운임 등 판매와 관계되는 변동비용

장사에서 손익 분기점에 있다는 것은 인건비, 임대료 등 고정비용 이상으로 장사는 되고 있으나 점포를 운영할 수 있을 정도밖에 이익이 없다는 뜻이다. 즉, 현상유지는 하고 있는 상태이며 손익 분기점 이상이 되어야 돈을 벌게 된다.

하지만 손익 분기점 이하로 떨어지면 수입이 비용보다 적어져 손해가 발생한다. 즉, 인건비나 임대료와 같은 고정비용이 나오지 않아 손해를 보게 되어 점포 문을 닫을 수밖에 없다.

※장사에서는 손익 분기점이 점포 문을 닫고 여는 기준이 된다. 하지만 기업은 손익 분기점 이하일 때도 영업을 한다. 이들은 가변비용도 못 건질 때 조업을 중단한다.

2. 사업계획서 작성

(1) 사업계획서 작성 목적과 필요성

1) 사업계획서는 사업준비와 성공가능성을 높인다

사업계획서는 대체로 다음과 같은 목적으로 작성된다.

첫째, 자기 사업을 구체화하기 위한 자체검토용으로 작성한다.

둘째, 투자유치 및 금융, 입주신청 등을 위해 작성하는 경우이다.

따라서 사업계획서를 필요로 하는 사람과 목적에 따라 그 내용을 달리하는 것이 좋다

자체검토용 사업계획서일 경우에는 사업계획서에 지나치게 얽매일 필요는 없다. 그때그때 상황에 맞게 수정하여 작성 운용하면 된다. 이 사업계획서는 자신을 위한 것이지 누구에게 보여주기 위한 것이 아니기 때문이다.

이와 같은 자체검토용 사업계획의 필요성은 창업자 대부분이 알고 있으나, 대체로 복잡한 듯하고 전문적인 것 같아서 아예 사업계획서를 작성하려고 하지 않는 경우가 많다. 구체적인 사업계획 수립이 어렵다면 간단히 생각나는 대로 메모라도 해보자. 머릿속에서만 공 굴리듯 하는 것과는 천양지차인 것을 알 수 있을 것이다.

하지만 중소기업청 및 소상공인지원센터 등 공공기관의 자금조달을 희망하는 창업자는 사업계획서 작성에 신중을 기해야 한다.

사업계획서는 창업자 자신을 위해서는 사업성공의 가능성을 높여주는 동시에 계획적인 창업을 가능케 하여 창업기간을 단축해주고 성공적

인 사업으로 이끌어준다.

2) 사업계획서는 점포경영의 지침서이다

계획한 사업과 관련된 제반사항 즉, 점포주의 자질, 취급 상품의 시장 특성 , 성장가능성, 시장확보 가능성과 전략, 적정투자규모, 자금조달계획, 상품구매 및 판매계획, 종업원의 수급계획 등이 체계적으로 기술되어 있는 문서가 바로 사업계획서이기 때문이다.

사업계획서는 점포경영의 효율성을 높여 비용과 시간을 절약하게 하여 주는 동시에 나름대로의 성공 청사진을 구체적으로 제시하여 줌으로써 외부자금의 조달 및 동업자선정, 고객확보 등에 결정적 도움을 준다.

(2) 사업계획서 작성 시 주의사항

사업계획은 첫째, 충분성과 자신감을 가지고 작성해야 하며 둘째, 객관성을 유지해야 한다. 셋째, 사업의 핵심내용을 강조하여 부각시키고 넷째, 전문용어 사용은 피하며 다섯째, 실현 가능성이 있어야 한다. 그리고 향후 발생 가능 문제점과 그 해결책이 있도록 작성한다.

1) 사업계획서의 구체성

사업계획서만 읽으면 누구나 창업자가 하고자 하는 사업의 내용을 알 수 있도록 구체적으로 작성해야 한다. 창업하고자 하는 사업의 아이템과 경영진, 인력수급계획, 설비투자계획, 생산계획, 판매계획, 조직운영계획, 자금조달계획, 사업추진일정, 이익계획 등을 빠짐없이 기술한다.

구체적이기 위해서는 먼저 기존에 나와 있는 정보를 충분히 수집하여 제시하는 것이 중요하다. 기존 업계의 시장점유율이나 판세, 선행기술 수준, 경영진의 프로필, 창업자금의 동원능력 등을 구체적으로 제시하는 것이다. 특히 수치나 그래프로 보여줄 수 있다면 신뢰감을 높일 수 있다.

2) 사업계획서의 실현가능성

사업계획서가 지나치게 교과서적이거나 비현실적이어서는 곤란하다. 일단 사업이 시작되면 사업계획서대로 운영하여도 손색이 없을 정도로 현실에 맞게 설계되어야 한다.

특히 머릿속에서 맴도는 사업계획은 아무리 뛰어나도 지면으로 옮기다 보면 새로운 문제점이 발견되기 마련인 만큼 창업자는 이런 문제점을 전문가와 상의하여 수정·보완할 필요가 있다.

3) 사업계획의 독창성과 공공의 이익성

독특한 기술과 노하우 그리고 불굴의 도전정신이 깃들도록 작성하는 것이 좋다. 특히 대규모 조직에서 할 수 없는 사업 아이템으로 무장해 있다면 좋다.

창업의 목적이 개인적인 이익만을 추구하는 것이 아니라 공공의 이익을 위한 것임이 입증된다면 더할 나위 없이 좋다. 뛰어난 아이템과 풍부한 자금을 갖고도 실패하는 창업자들의 공통점은 대부분 사사로운 개인적 이익에만 집착하거나 독단에 빠지는 경우이다.

사업의 세계에 일방적으로 유리한 비즈니스란 없다. 하나를 주고 하나를 받는 것이 사업의 세계이다. 따라서 창업자는 공생의 정신이 필요하다.

1) 사업목적

2) 운영방침

3) 시장현황 및 계획

    ① 아이템의 시장성과 전망   ② 상권과 입지   ③ 경쟁점포 현황

4) 세부 사업계획

    ① 판매 및 구매계획   ② 공사계획

    ③ 종업원채용 및 교육계획   ④ 판매촉진계획

5) 소요자금추정 및 자금조달방안

    ① 추정 소요자금   ② 자금조달방안

6) 추진 일정표 및 특기사항

*해당 업종에 따라 변형해서 사용   *구체적으로 작성해야 효과적

3. 창업유형 분석

창업을 하려는 대부분의 사람들이 입지 및 업종선정과 함께 고민하는 것 중 하나가 바로 독립점포를 할 것인가, 프랜차이즈 가맹점으로 할 것인가이다. 그리고 점포형 또는 무점포형태로 운영할 것인지, 오프라인 또는 온라인으로 할 것인지를 고민하게 된다. 업종에 따라서 유리한 사업운영형태가 있기 때문이다.

(1) 독립점 창업과 프랜차이즈 가맹점 창업

독립점은 업종선택, 상호 결정, 입지선정 등 창업에 관한 모든 일을

창업자가 독자적으로 처리하고 책임을 지는 영업형태이다. 창업초보자로서는 부담이 되는 형태이긴 하나 가맹점 창업에 비해 비용절감의 효과가 크며, 고객의 욕구나 시장변화에 신속하게 대응할 수 있는 장점이 있다. 따라서 특별한 노하우 없이도 창업이 가능한 아이템들은 독립점이 유리하다.

하지만 특별한 노하우가 필요하거나 전문화된 경영노하우가 필요한 업종들은 프랜차이즈 가맹점 창업이 낫다. 사실 초보자들이 프랜차이즈에 관심을 갖는 것은 당연하다. 우선 가맹점을 내면 본사에서 상품을 공급해주고 영업 노하우를 전수해주기 때문이다. 초보자들로서는 가맹본부만 제대로 선정하면 독립점포보다 실패할 확률이 적어 안전하고 쉽게 시작할 수 있기도 하다. 때문에 프랜차이즈 사업방식은 21세기 소매 업태를 주도할 것으로 예상되고 있다.

독립점과 프랜차이즈 가맹점의 장·단점		
구 분	장 점	단 점
독립점	• 상품구매 등 경영의 모든 일 독자적 수행 가능 • 시장변화에 신속히 대응 가능 • 창업비용의 상대적 저렴	• 아이템선정과 입지선정 실패 가능성 높음 • 시장변화에 과학적 대응 부족 • 경영노하우부족
가맹점	• 실패 위험성이 상대적으로 적다 • 브랜드인지도가 높아 소비자의 신뢰성확보 가능 • 시장변화에 과학적으로 대응 • 쉽게 개업 가능	• 부실, 사기본부일 경우 공멸한다 • 유행업종일 가능성이 높아 실패 정도(精度)가 심하다 • 창업비용의 과다 • 시장변화에 대응 속도가 늦다

(2) 점포형 창업과 무점포 창업

점포 없이 집이나 사무실을 사업장으로 하는 소호형사업과 길거리 로드비즈니스가 무점포창업형태이다.

점포형은 단독점포, 숍인숍, 대형편의시설 입점 등 다양하며, 입지의 중요성이 강조되는 만큼 보증금과 권리금 등 점포구입비용이 높아서 창업비용이 많이 든다. 반면에 무점포형은 사무실, 집, 노점이나 차량 등이며, 점포형에 비해 창업비용이 적게 든다. 무점포형은 창업자의 능력이 사업의 성패로 연결된다.

여기서는 길거리사업(로드비즈니스)에 대해 알아보기로 한다. 최근 청년실업자 등의 증가로 노점상을 선택하는 경우가 많기 때문이다.

1) 가로노점상형

부피가 작은 생활용품이나 충동구매가 가능한 저가 선매품을 휴대용 깔개나 진열대를 갖고 다니면서 판매를 한다. 차량이 없고 소량이므로 개설과 철수가 간편하여 장소 이전에 유리하다.

2) 가판대형

공식형(키오스크형)사업으로서 관할 관청의 허가를 득하고 하는 사업이다. 1989년도까지는 허가가 있었으나 그 이후에는 신규허가가 없다. 특히 서울시의 경우 조례에 의해 현재의 시설물도 2007년도까지 감축하도록 하여 적지 않은 마찰을 빚을 것 같다. 대로변의 가판대, 구두수선소, 공원의 판매소등이 이에 해당된다.

3) 이동 가능 설치물을 사용하는 형

손수레 등 이동 가능한 설치물에서 판매하는 형태로, 오뎅이나 붕어빵, 떡볶이, 주류를 취급하는 포장마차 등이 이에 속한다. 이 형태는 동일 장소에서 계속적인 영업이 가능하여 단골고객을 확보할 수 있는 장점이 있으나 거리환경미화, 통행불편, 위생상태 불량 등의 이유로 단속이 되고 있다. 생계형 노점상에 대해서는 단속을 자제하기는 하지만 여하튼 각종 국제행사 시에는 단속대상 1호이다.

4) 차량이동형

차량을 이용하여 이동하며 장사하기가 쉽다. 또한 단속을 피하기 쉬운 장점도 있지만 공간 확보 장소 찾기가 만만치 않은 것이 단점이다. 야채나 생선, 분식류나 토스트 같은 품목에 적합하다.

(3) 오프라인 창업과 온라인 창업

기존의 전형적인 사업형태인 오프라인에서는 유통경로가 복잡, 다양하고 또한 경쟁이 치열하여 점포유지관리에 비용과 시간이 적지 않게 들어간다. 또 사업을 하는데 있어서 창업비용이 많이 소요되는데 비해 성공률이 불과 10%~20% 정도밖에 되지 않아 위험부담이 너무 높은 것도 단점이다.

하지만 최근에는 세계수준의 인터넷인프라를 기반으로 온라인시장이 급속히 확대되면서 인터넷쇼핑몰을 비롯한 온라인에서의 창업형태가 주목받고 있다. 이는 적은 자금과 소수의 인력으로 운영이 가능하며, 오프라인 창업의 맹점인 지역적 한계를 극복할 수 있다는 장점으로 인해 예비창업자들의 관심을 모으고 있다.

하지만 순수 온라인 창업만으로는 아이템의 한계에 봉착하는 등 아직은 성공률이 높지는 않다. 다만 앞으로의 발전성을 보고 도전할 가치는 분명 있다. 한편, 오프라인 창업자들이 온라인을 병행하고 있는 것이 최근의 추세라는 것도 아울러 알아 두기 바란다.

4. 프랜차이즈와 가맹점

(1) 프랜차이즈 이해

프랜차이즈란 무엇을 말하는가?

프랜차이즈란 특허 · 특권을 지칭하는 말로서 가맹본부(=프랜차이저)가 상호, 상표, 브랜드사용권, 상품판매권, 경영관리 노하우를 전수 · 지도하고, 가맹점(=프랜차이지)은 가맹본부의 제반 특권 사용 및 영업지원 대가로 가맹금, 그리고 매출이익의 일정비율을 로열티로 지불하는 공동사업체 관계를 말하는 것이다.

(2) 프랜차이즈 산업 현황

1970년대 말 이 땅에 패스트푸드업체들이 프랜차이즈 방식을 도입하여 성공을 거둔 이후 아이스크림점, 제과점 등 먹을거리 영역을 시작으로 학원, 놀이방, 각종 서비스업으로 업종이 확산되었다. 게다가 서비스 시장까지 개방되면서 변호사, 회계사, 세무사 같은 전문 업종도 선진화된 해외 프랜차이즈 업체가 들어오고 있다는 것은 주목할 만한 일이다.

체인화는 대세이기도 하다. IMF 이후 가맹본부가 급속도로 증가하여 현재는 약 1,600여 업체가 활동하고 있는 것으로 추정된다. 또한 가맹점은 무려 12만 개 이상이나 된다. 가맹본부의 부침이 무척 심하여 확실한 수를 파악하기는 불가능하며, 또한 숫자파악이 의미가 없기도 하다. 다만 1년에 수백 개의 가맹본부가 생기고 사라지고 있는 것이 문제이다. 최근에는 대부분의 업종이 생명주기가 짧아지면서 가맹본부의 부침도 더욱 짧아지고 있으므로 주의가 요망된다.

본부가 부도를 내면 가맹점 역시 본부와 운명을 함께 해야 한다. 이때는 가맹금과 보증금을 떼이는 것은 물론 인테리어비 등, 초기에 투자했던 비용도 건질 수 없다.

이처럼 본부의 부도는 가맹점에게는 치명타이다.

가맹본부와 가맹계약을 하다보면 가맹금 등에서 폭리를 취하거나 과도한 인테리어와 설비를 본부에서만 하도록 강요하기도 한다. 그래서 공정거래위원회는 1997년 2월 1일 가맹사업자의 불공정거래행위에 대한 기준을 고시하고, 2002년 11월 1일부터는 '가맹사업거래의공정화에관한법률'을 시행하면서 가맹점을 보호하려고 노력하고 있는 것이다. 체인가맹 계약서도 세세히 검토하고 작성해야 최소한의 보호를 받을 수 있다는 것 역시 올바른 프랜차이즈본부 선정만큼 중요하다.

여하튼 프랜차이즈 사업이 도입된 지 불과 20여년 남짓에 질적 · 양적으로 성장하여 왔고 앞으로도 더욱 성장할 것이라는 것은 틀림없다. 프랜차이즈 산업은 전체 도 · 소매산업의 6.4%를 점유하는데다 연평균 10% 내외의 고도성장을 지속해 오고 있다.

<table>
<tr><td colspan="5" align="center">한국 프랜차이즈 산업의 가맹본부, 가맹점 수</td></tr>
<tr><td>업종</td><td>가맹본부수(개)</td><td>비중(%)</td><td>가맹점 수(개)</td><td>비중(%)</td></tr>
<tr><td>외식업</td><td>559</td><td>34.9</td><td>50,873</td><td>42.5</td></tr>
<tr><td>도소매업</td><td>817</td><td>51.1</td><td>44,175</td><td>36.9</td></tr>
<tr><td>서비스업</td><td>224</td><td>14.0</td><td>24,575</td><td>20.6</td></tr>
<tr><td>계</td><td>1,600</td><td>100</td><td>119,623</td><td>100</td></tr>
</table>

자료 : 2002년 한국프랜차이즈협회

<table>
<tr><td colspan="5" align="center">한국 프랜차이즈 산업의 매출액, 종사자 수</td></tr>
<tr><td>업종</td><td>매출액(백억 원)</td><td>비중(%)</td><td>종사자수(백억 원)</td><td>비중(%)</td></tr>
<tr><td>외식업</td><td>1,118</td><td>26.8</td><td>233,899</td><td>41.3</td></tr>
<tr><td>도소매업</td><td>2,608</td><td>62.6</td><td>223,507</td><td>39.5</td></tr>
<tr><td>서비스업</td><td>443</td><td>10.6</td><td>108,688</td><td>19.2</td></tr>
<tr><td>계</td><td>4,169</td><td>100</td><td>566,094</td><td>100</td></tr>
</table>

자료 : 2002년 한국프랜차이즈협회

5. 프랜차이즈 시스템 개발과 구축전략

(1) 프랜차이즈 사업의 핵심

일반적으로 프랜차이즈 사업의 성공요소는 상품력, 브랜드력, 그리고 서비스 시스템의 3요소라고 할 수 있다. 하지만 개인 창업에서 가장 중요한 핵심인 아이템에 맞는 입지선정은 프랜차이즈 사업에서도 예외는 아니다. 가맹점이 살아야 본부도 살기 때문이다. 즉 아이템에 맞는 상권 입지분석시스템 구축과 개발은 프랜차이즈 시스템 구축의 핵심이 되어야 한다는 것이다.

따라서 프랜차이즈 사업을 전개하기 위해서는 자신이 할 아이템에 대한 철저한 분석과 상권입지에 대한 이해와 분석이 요구된다.

한편, 프랜차이즈 사업의 성장을 위해서는 가맹본부의 가맹점에 대한 지속적인 관리가 필요한 바, 가맹점관리를 위한 최소한의 유지비가 필요한 만큼 가맹점으로부터 로열티를 받아야 함에도 불구하고, 그에 대한 가맹점주들의 인식부족과 가맹본부 또한 뚜렷한 대책이 없어서 결국은 수많은 부실본부를 낳게 되고 가맹점의 몰락을 초래하고 있다. 물론 물류비에서 일정 수익을 낼 수 있는 가맹본부는 조금 형편이 낫다.

로열티 문제는 가맹본부와 가맹점 모두에게 매우 중요한 핵심이 되고 있다는 것이다. 가맹점 개설(가맹금과 인테리어 집기비에서 수익을 냄)에 급급할 수밖에 없는 현실을 타개하지 않고서는 한국에서 프랜차이즈 사업의 올바른 성장은 요원하다.

(2) 프랜차이즈 시스템 개발과 구축전략

프랜차이즈 시스템이란 일정한 본부조직과 경영노하우를 가진 기업이 상품과 서비스 등의 판매권과 브랜드 사용권을 가맹점에게 부여하고, 가맹점 운영 전반에 대하여 경영지도를 행하는 일련의 과정을 조직화, 매뉴얼화한 것이라고 할 수 있다.

프랜차이즈의 원활한 전개와 효율성 극대화를 위해 수많은 본부에서 시스템을 강조하고, 매뉴얼을 활용한 프랜차이징 전략을 실행하고 있지 않은가.

1) 프랜차이즈 시장 환경 분석과 개발

프랜차이즈시장의 구성요소별로 사업환경을 분석하여 향후 기업과 상품의 나아갈 방향을 모색하여 시행착오를 최소화하고 경영효율을 증대 시킬 수 있는 분석자료를 확보하기 위해서 먼저 프랜차이즈 시장 환경분석을 한다.

거시 환경분석과 미시 환경분석을 통해 외부의 위협요인과 기회요인을 포착하고 내부의 장점과 단점을 분석하여 효율적인 사업컨셉을 확정한다.

2) 프랜차이즈 시스템 구축과 매뉴얼

매뉴얼이란 효율적, 안정적인 프랜차이즈 사업을 운영하기 위해서 계량화, 표준화하여 시스템 운영 구성원의 효율적인 업무 활동을 향상시킬 수 있는 프랜차이즈 사업운영의 행동지침서다.

즉, 프랜차이즈 가맹본부와 가맹점의 상호 보완적, 기능적 완성이 바로 매뉴얼인 것이다. 매뉴얼은 본사의 경영전략과 타 브랜드와의 차별화, 조직 내 업무의 통합기능, 고객 가치창출의 기능을 가지고 있다.

따라서 매뉴얼은 사업 환경의 변화와 새로운 시스템의 도입으로 선진 경영기법과 현장 환경의 변화를 접목한 표준화가 필요하다. 또한 매뉴얼은 리뉴얼링이 계속되어야 한다.

① 매뉴얼 작성

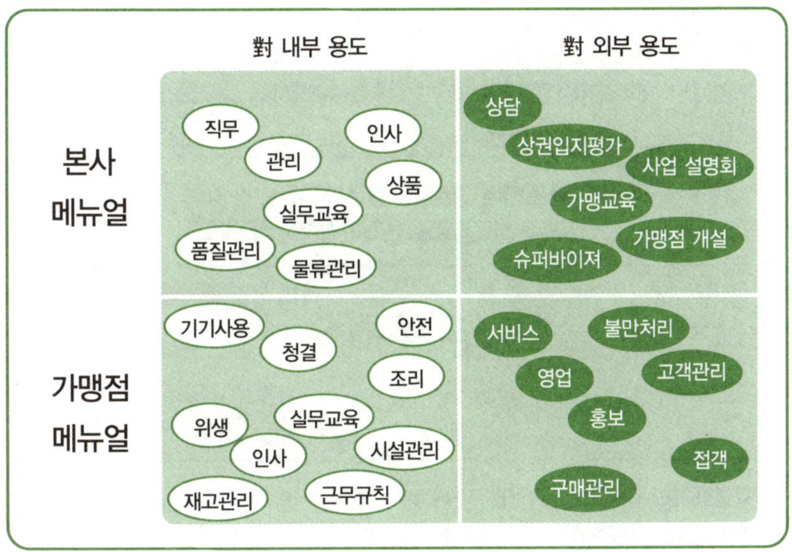

② 조직관리시스템 구축

③ 상권입지시스템 구축

> 국내 프랜차이즈 산업의 특수성에 비추어 체계적 상권입지 전략의 수립은 가맹
> 점 확대와 기업 발전에 결정적 영향을 주는 요소

④ 마케팅전략시스템 구축

> 선진적인 마케팅 전략 시스템을 구축
> 정확한 시장목표를 선정하고 전략적 시장접근

⑤ 슈퍼바이징시스템 구축

> 프랜차이즈 사업에서 슈퍼바이징 기능은 가맹점과 본사간의 커뮤니케이션과
> 합목적적인 가치추구 SYSTEM의 실천 영역으로서의 핵심분야임

⑥ 프로모션전략시스템 구축

> 전략기획을 통해서 브랜드의 인지도 확대와 가맹점 모집의 성과를 위해서 효율
> 적이고 경제적인 프로모션 전략이 요구된다

6. 가맹본부 선별요령과 가맹계약

(1) 가맹본부 선별요령

프랜차이즈 사업이 질적 양적으로 성장하고 있는 것은 틀림없는데도 불구하고 여전히 수십, 수백 개의 가맹점을 모집해놓고 문을 닫는 가맹본부가 수도 없이 많다. 덩달아 가맹점들도 큰 손해를 입고 그대로 문을 닫는 것은 물어보나 마나다.

가맹본부의 선별요령을 얼핏이나마 숙지하고 있어야 그나마도 부실 가맹본부나 사기 가맹본부를 피할 수 있다.

1) 모방하는 가맹본부를 피해야 한다

'제품이나 메뉴개발에 온갖 열정을 쏟아도 제대로 된 제품 개발하기가 너무 어렵다' 고 하는 우량 프랜차이즈본사의 고충을 알면 답이 나온다. 역경을 딛고 겨우 출시한 제품이 조금이라도 프랜차이즈시장에서 반향을 얻으면 바로 이상한(?)업체들이 비슷한 제품으로 시장진입을 한다. '손도 안 대고 코 푸는 격' 으로 모방, 편승하는 것이니 그 제품이 과연 제대로 될 것인가는 불문가지다.

유행업종이 바로 이러한 모방업체들 때문에 발생하는 것이다.

한가지 아쉬운 점은 이렇게 모방하는 업체를 실질적으로 미리 차단하고 단속할 기관이 없다는 점이다. 가맹사업거래법 등의 법적인 처벌만으로는 항상 사후약방문이 될 수밖에 없기 때문에, 시장 질서를 어지럽히고 수많은 창업자들을 울릴 것이 뻔히 보이는데도 불구하고 사전에 예방하고 단속할 수 없다는 것은 매우 불행한 일이다.

프랜차이즈협회나 한국소자본컨설팅협회 등 관련 협회에 단속할 수 있는 권한을 부여한다면 정상적인 시장질서가 확립될 것이고, 나아가서는 올바른 가맹본부와 가맹점이 사는 길이 될 것이다.

2) 가격파괴를 일삼는 가맹본부는 피해야 한다

가격파괴와 저가는 의미가 다르다. 가격파괴는 말 그대로 정상적인 제품이라면 마진폭이 매우 적을 수밖에 없을 정도로 가격을 파괴하는 것인데 이때 가격만 파괴하는 것이 아니라 시장질서까지 파괴하여 결국은 공멸을 초래한다. 이야말로 공공의 적이 아니겠는가.

중요한 대목은 가격파괴를 왜 가맹본부가 유도하겠는 가이다. 초기에는 장사가 잘 되는 것처럼 보이므로 단기간에 가맹점 수를 늘릴 수가 있다. 이러한 가맹본부가 치고 빠지면 누가 손해를 입는가 말이다. 바로 가맹점과 소비자이다.

3) 가맹본부의 재정상태를 확인하라

가맹본부의 재정상태를 알아보기란 매우 힘든 일이다. 많은 가맹본부들이 체계적으로 회계정리를 해놓지 않는 실정이며 또 공개하기를 꺼린다.

가맹사업자는 가맹희망자가 서면으로 요청할 경우에 본부의 최근 재무사항 및 주요 임원들의 경력 등을 서면으로 답하도록 '가맹사업거래의 공정화에 관한 법률'에 명시되어 있는데도 불구하고 재정상태의 공개를 꺼린다면 그 가맹본부는 일단 의심해야 한다. 하지만 일부 음식 체인점의 경우에는 노하우가 있어도 자본력이 없는 경우가 있다. 이러한 경우에는 재정상태도 중요하지만 장래성을 보고 판단해도 무방하다.

4) 임원의 전직을 확인하라

사업자등록상의 대표와 실제 대표가 일치해야 함은 기본이다. 대표자의 거주지, 주민등록번호 등 대표자에 대한 정보를 공개하거나 대표자가 관련 분야에서 오랫동안 종사했다면 안심해도 좋다. 그렇다고 프랜차이즈 브랜드 개발만 전문으로 한 사람을 의미하는 것은 아니다. 무슨 말인가 하면 프랜차이즈 사업을 이것저것 벌려온 사람은 위험하다는 뜻이다.

대표자가 전과자이거나 사기 전력이 있는 경우나 '대추나무에 연 걸리듯' 빚더미에 올라앉았을 때는 곧잘 다른 사람을 내세우므로 다시 한번 생각해보기 바란다.

5) 직영점이 있는지 확인하라

가맹본부가 가맹점을 모집하기에 앞서 시범적으로 직영점포를 운영하여 사업성에 대한 검증을 받은 경우라면 믿어도 괜찮다. 하지만 직영점이 없다면 사업성을 검증해보지도 않은 채 유명 아이템을 본떠서 체인사업을 벌였거나 사전준비 없이 가맹점 모집부터 시작한 경우에 속하므로 신중해야 한다.

가맹본부는 가맹점을 운영하는 데 있어 자신감이 있어야 하고 지도도 정확히 해주어야 한다.

6) 가맹점 수를 확인하라

최소한 10개 이상의 가맹점이 운영되고 있고 그 가운데 절반 이상이 안정적인 소득을 얻고 있는 경우에는 안심해도 된다. 이때에는 가맹본부도 그에 적절한 시스템을 체계적으로 완비할 가능성이 크다.

7) 본부 직원이 지나치게 영업형이면 피하라

이들이 실무형에 가깝다면 안심해도 되지만 빛 좋은 개살구처럼 겉만 번지르르한 영업형에 가까우면 조심해야 한다. 거의 가맹금과 보증금에만 눈독을 들이는 경우이다. 이와 같은 영업사원들은 '지금 가맹하면 여러 가지 혜택이 있는데, 지금 계약하지 않으면 좋은 상권에 다른 가맹자가 먼저 계약하게 될 것'이라며 조바심 부추기기를 다반사로 한다.

8) 가맹점 지원을 확실히 하는지 확인하라

가맹점 지원을 위한 관리조직이 잘 가동되고 있는지, 정기적인 교육과 판촉활동이 활발히 이루어지는지를 살펴보자.

거의 대부분의 가맹본부가 가맹점 개설에만 치중하여 영업조직에 의존하는 것이 오늘의 현실이다. 가맹점의 입장에서 보면 본사가 신규 가맹점을 개설하는 데에만 눈이 어두워 본인들의 불편사항을 해결해주지 못한다면 가맹점 운영에 막대한 지장을 받는다.

9) 가맹점 모집광고를 지나치게 많이 하는지 확인하라

가맹점을 끌어들이는 데에만 급급하여 광고비를 너무 많이 지출하는 본부는 결국 재정손실로 인해 도산할 우려가 있다.

10) 법적 제재가 예상되는 업종은 피하라

전화방이나 성인용품점 그리고 최근에 우후죽순으로 늘고 있는 성인오락실을 보라. 결국 사회적인 물의를 일으켜 제재를 당한다. 이러한 경우는 가맹본부도 가맹점도 모두 동정 받을 여지가 조금도 없다. 사회적

물의를 일으킬 소지가 있는 업종은 아무리 돈을 많이 벌 수 있다고 하더라도 해서는 안 된다.

11) 신규 브랜드를 마구 늘리는 본부는 피하라

이런 본부는 개점 마진에만 눈이 어두워 기존의 브랜드에 대한 책임 있는 관리를 회피하고 신규 브랜드 가맹점을 늘리는 데만 급급하다. 인테리어 비용이나 설비비로 엄청난 돈을 만질 수 있기 때문이다.

12) 본부에서 추천하지 않은 가맹점을 방문하여 현장조사하라

가맹본부의 영업사원들이 하는 말만 믿다가는 큰 코 다치기 십상이다. 본부의 설명과 가맹점의 영업현황이 다를 수 있다. 그러므로 본부에서 추천하는 곳이 아닌 전혀 다른 곳에 있는 가맹점을 찾아가 영업현황을 조사해보기 바란다.

13) 독점 영업권을 지키는지 확인하라

본부가 정확히 그 구역의 상권을 분석해주고, 영업구역을 설정해주는지 확인해야 한다. 그래야만 영업이익이 보장되는데, 가맹본부들은 가맹점 개설에만 눈독을 들인 나머지 인접지역에 가맹점을 개설하는 경우가 많다.

(2) 가맹계약서 작성 시 주의할 점

　분쟁이 발생할 때 모든 것은 계약서가 말해준다. 계약이란 양 당사자를 구속하는 힘을 갖고 있으므로 주요 내용은 반드시 서면화해야 하며, 본부에 요구할 사항은 반드시 서면으로 기재하도록 해야 한다.

　가맹계약서는 A4 복사용지로 보통 30~40매에 이른다.

　가뜩이나 불리한 입장에 있는 체인가맹자가 이러한 서류를 일일이 읽는다는 것도 쉬운 일이 아닌데다가 문구가 너무 난해해서 중도에 읽기를 포기하고 그냥 도장을 찍고 만다. 바로 여기에 함정이 있다. 문제가 발생하면 알지 못했던 내용이 포함되어 있어 결국 체인가맹자가 손해를 떠안게 된다. 계약해지 등의 문제는 재산상의 손해가 적지 않으므로 특히 신경을 써야 할 부분이다.

　흔히 계약을 하면서 요구사항은 구두로 약속받는데, 나중에 분쟁이 발생하면 이것은 법적 구속력이 없다는 것을 명심하라.

　가맹계약을 할 때에는 다음과 같은 주요 내용을 확인해야 한다.

1) 가맹금, 기타 비용에 관한 사항

　가맹금이란 본부가 가맹점에 여러 권한을 부여하고 영업을 할 수 있게 해주는 대가로 계약 초기에 지급하는 비용, 일종의 상호사용료라고 할 수 있다. 물론 가맹사업거래의 공정화에 관한 법률 제2조 '가맹금에 대한 정의' 는 이보다 훨씬 포괄적으로 정의하고 있다.

실제로 이 가맹금은 가맹본부마다 그 성격과 내용이 약간씩 다르다. 앞에서 설명한 상호 사용료 성격의 가맹금, 개점지원비, 교육비, 인력지원비, 정보제공비를 따로 따로 받는 가맹본부도 있으며 가맹금에 위의 비용이 모두 포함된 본부도 있다. 따라서 가맹금의 내용을 구체적으로 파악해야 한다.

기타 비용인 점포의 내부시설 인테리어비 및 각종 집기비품비도 구체적인 명시가 필요하며, 특히 로열티는 반드시 짚고 넘어가야 한다. 로열티란 흔히 개점 이후 본사의 계속적인 지원과 지도에 대한 비용, 일종의 관리비라 할 수 있다.

이와 같은 성격의 로열티는 일부 가맹본부만 받고 있으며 반대급부로 가맹점을 꾸준히 관리해주고 있다. 이것은 로열티를 부정적으로만 보아서는 안 된다는 반증이기도 하다. 이러한 로열티에 대해서는 가맹계약을 맺을 때 명확히 해두어야 말썽의 소지가 없다.

2) 상품 판매조건에 관한 사항

상품 판매에 있어서 상품의 종류와 그 결제방법 및 하자 있는 물품처리와 반품문제 등을 구체적으로 명시해야 한다. 대부분의 가맹본부들은 본부에서 공급하는 물품에 한해서 판매하기를 바란다. 하지만 가맹점을 운영하는 점주들로서는 이것이 여간 불편한 게 아니다. 따라서 상호 이해관계가 충돌하는 만큼 말썽이 일어나고 있는데, 계약할 때 미리 이에 대한 사항을 명시하는 것이 좋다.

3) 경영지도에 관한 사항

가맹 시 연수 및 강습회 여부와 그 내용, 개점 후 계속적인 경영지도의 방법과 그 실시횟수 등을 명시해야 한다. 일반적으로 개점 후에는 경영이나 관리 노하우를 지원해주는 가맹본부가 많지 않으며, 또한 해준다고 해도 소홀하기 때문에 구체적으로 명시하는 것이 좋다. 하지만 로열티를 지불하지 않는 본부에게 가맹점이 지도 받기를 원하는 것이 어불성설이기는 하다.

4) 상표 · 상호에 관한 사항

상표 · 상호는 가맹본부의 표시대로 사용해야 하는 게 당연하다. 하지만 상권의 특성에 따라 글자의 크기나 글씨체, 기타 표시 등은 조절할 필요가 있다. 이때에 본부의 일률적인 원칙에 예외조항의 삽입이 필요하다. 따라서 이와 같은 사항도 언급해 두는 것이 좋다.

5) 계약기간과 갱신 및 해제에 관한 사항

계약기간과 갱신, 해제에 관한 사항은 보통 민법상의 규정이나 상관

습에 의해 일반적으로 대동소이하게 명시되고 있어 별 문제가 없는 듯
하지만, 계약해제로 인한 손해배상에 대해서는 문제의 소지가 많다. 대
부분의 경우 해제로 인한 손해는 가맹점이 감수하도록 되어 있기 때문
이다. 따라서 계약해제 조건과 손해배상금의 문제는 세세하게 짚고 넘
어가야 한다.

7. 가맹사업거래의 공정화에 관한 법률의 주요 골자

(1) 가맹사업거래의공정화에관한법률 제정과 시행

가맹사업의 공정거래 질서를 확립하고 가맹본부와 가맹점사업자가
대등한 조건 아래 상호 보완하며 발전할 수 있도록 하기 위한 '가맹사
업거래의 공정화에 관한 법률'이 국회에서 의결, 공포(법률 제 6704호)
되었다.

2002년 11월 1일부터 시행된 '가맹사업거래의 공정화에 관한 법률'
은 가맹사업거래의 전 과정에 걸친 투명성을 제고하여 공정한 거래 질
서를 정착시키고, 아울러 가맹본부와 가맹점사업자의 건실한 거래 관계
유지를 도모할 수 있도록 한 법이다.

이 법은 그동안 가맹사업 방식의 폐해가 주로 가맹본부가 가맹점사업
자를 모집하는 과정에서 허위 또는 과장 광고를 하거나, 예상매출액을
과다하게 선전하여 가맹본부의 실체에 대한 정확한 정보를 제공하지 않
는 데서 비롯되었으므로 이에 대한 규제에 있다.

(2) 가맹사업거래법의 주요 골자

1) 가맹본부의 정보공개서 제공

가맹본부는 가맹희망자가 가맹금을 최초로 지급하거나 가맹계약을 체결하는 날로부터 5일 전까지 가맹본부의 사업운영과 관련된 일정한 정보가 기재된 정보공개서를 가맹희망자에게 제공하여야 한다(제7조).

즉, 가맹본부는 가맹희망자에게 사업현황, 임원경력과 계약내용 등 주요정보를 담은 정보공개서를 계약체결 전에 제공해야 한다. 그리고 그 정보공개서는 매년 갱신 또는 수정하여야 하며(제8조), 정보공개서의 내용이나 광고 등에 허위 또는 과장된 정보를 기재하여서는 아니 되고, 근거 없이 예상수익 상황을 기재할 수 없다(제9조).

위의 조항에 의거해 가맹본부에 가맹점의 수익상황을 광고하는 근거자료를 비치하지 않으면 과태료가 부과된다. 가맹본부가 이를 위반하거나 정당한 이유 없이 가맹사업을 중단하는 경우에는 가맹점사업자가 반환을 요구한 날로부터 1개월 이내에 가맹금 중 일정한 금액을 반환하여야 한다.

반환하는 가맹금의 금액을 정함에 있어서는 가맹계약의 체결경위, 지급된 금전의 성격, 가맹계약기간, 계약이행기간, 가맹사업당사자의 귀책 정도 등을 고려한다. 또한 가맹본부는 가맹금을 최초 수령하기 전에 장차 체결할 가맹계약서를 가맹희망자에게 교부하여야 한다(제11조).

2) 불공정거래행위 금지

가맹본부는 불공정한 거래행위, 즉 상품이나 용역의 공급 제한, 가격이나 거래 상대방, 거래지역에 대한 제한, 거래상 지위 남용 등 가맹사업의 특수성을 고려하되 지나치게 불공정한 거래행위를 할 수 없다(제12조).

불공정거래행위의 금지 의무

가맹본부는 다음 각 호의 1에 해당하는 행위로서 가맹사업의 공정한 거래를 저해할 우려가 있는 행위를 하거나 다른 사업자로 하여금 이를 행하도록 해서는 안 된다.

가) 가맹점사업자에 대하여 상품이나 용역의 공급 또는 영업의 지원 등을 부당하게 중단 또는 거절하거나 그 내용을 현저히 제한하는 행위

나) 가맹점사업자가 취급하는 상품 또는 용역의 가격, 거래상대방, 거래지역이나 가맹점사업자의 사업활동을 부당하게 구속하거나 제한하는 행위

다) 거래상의 지위를 이용하여 원재료 등을 필요 이상으로 구입 강제하는 행위 가맹점사업자에게 일방적으로 불리한 계약조건을 설정 또는 변경하는 행위 등 거래상 지위남용 행위

라) 위 제1호 내지 3호 외의 행위로서 부당하게 경쟁 가맹본부의 가맹점사업자를 자기와 거래하도록 유인하는 행위 등 가맹사업의 공정한 거래를 저해할 우려가 있는 행위

3) 가맹계약의 종료 및 계약해지의 제한

① 가맹계약의 종료

가맹본부가 가맹계약을 갱신 또는 연장하지 아니하는 경우에는 계약이 만료되는 날로부터 90일 전에 가맹사업자에게 그 사실을 서면으로 통지해야 하며, 통지를 하지 아니하는 경우에는 계약만료 전의 가맹계약과 동일한 조건으로 다시 가맹계약을 체결한 것으로 본다.

② 계약해지의 제한

가맹계약서에서 정한 계약해지 사유가 발생하여 가맹본부가 가맹계약을 해지하고자 하는 경우에는 가맹점사업자에게 미리 2개월 이상의 유예기간을 두고 문서로 3회 이상 시정을 요구해야 하며, 위와 같은 절차를 따르지 않은 계약해지는 효력을 발생하지 아니한다.

4) 분쟁의 조정 등

가맹사업 관계에서 야기되는 분쟁의 신속하고 원만한 해결을 위하여 가맹사업과 연관 있는 전문가로 구성된 '가맹사업거래분쟁조정협의회'의 설치를 규정하고 있다.

① 가맹사업거래 분쟁조정협의회

가맹사업거래의 계속적 거래로서의 특성상 정부에 의한 1차적 개입보다는 당사자 간 자율적 분쟁해결을 유도하기 위한 분쟁조정제도로서 사단법인 한국프랜차이즈협회에 가맹사업거래분쟁조정협의회를 설치한다.

분쟁조정협의회는 분쟁의 공정한 조정을 위하여 공익대표 3인, 가맹
본부 이익대표 3인, 가맹점사업자 이익대표 3인의 위원으로 구성하고,
가맹사업 당사자 간의 가맹사업거래의 분쟁에 관하여 당사자가 요청하
거나 공정거래위원회가 조정을 의뢰한 사항에 대하여 조정업무를 수행
한다.

② 분쟁조정협의회에서 조정이 성립

협의회에 의한 조정이 이루어진 경우에는 조정조서와 동일한 내용의
합의가 이루어진 것으로 간주한다. 이는 민법상 화해계약에 해당하며,
조정이 성립된 경우 특별한 사유가 없는 한 공정거래위원회가 시정명령
등을 하지 아니한다.

③ '가맹사업거래상담사' 제도

가맹사업거래상담사의 자격시험에 합격하고 공정거래위원회가 지정
하는 기관에서 1년 이상의 실무수습을 마친 자는 가맹사업거래상담사가
될 수 있다. 가맹사업거래상담사가 되고자 하는 자는 대통령령이 정하
는 바에 따라 공정거래위원회에 등록해야 한다.

5) 시정조치와 과징금

공정거래위원회는 가맹본부가 가맹사업법에 의한 정보공개서의 제공
의무 위반, 정보공개서 갱신·수정의무 위반, 허위·과장된 정보제공의
금지, 가맹금반환, 계약서교부 및 보관의무, 불공정거래행위의 금지 등
위반에 대해 해당 가맹본부에 대하여 시정조치를 명하거나 또한 매출액
의 2/100의 범위 내에서 과징금을 부과할 수 있다.

(3) 가맹사업거래법이 미치는 영향

가맹사업거래법의 제정으로 종래 가맹사업을 운영하던 가맹본부들은 위에서 본 바와 같은 여러 가지 직접 또는 간접 의무를 새롭게 부여받게 되었다. 그리고 직접 의무를 위반할 경우에는 사안에 따라 최고 5년 이하의 징역 또는 1억 5000만 원 이하의 벌금에 처해지거나 1억 원 이하의 과태료에 처해질 수도 있게 되었다.

그렇다고 가맹본부측에 일방적으로 불리하게 제정된 것은 아니다. 그동안 법의 흠결 내지 미비 상태에서 가맹본부가 가맹점사업자들을 이용하여 과도한 반사적 이익을 취하던 잘못된 관행을 시정하려 한 것이다.

가맹희망자들은 미리 교부 받는 정보공개서나 계약서를 보고 그 가맹본부가 내실을 갖춘 회사인지를 판단할 수 있게 된다. 따라서 프랜차이즈업계 전반에 걸쳐 긍정적으로 작용하게 될 것이다.

8. 창업세무와 절세

(1) 부가가치세와 소득세

1) 부가가치세

부가가치세는 물건을 사고파는 과정에서 부과된 가치에 대해 내는 세금으로, 물건을 팔 때 받은 세금에서 물건을 살 때 지불한 세금을 차감한 차액을 납부하는 것이다.

물건 값에는 항상 10%의 부가세가 포함되어 있다. 사업자는 물건 값에 부가가치를 포함하여 팔기 때문에 실제 세금은 소비자가 부담하는 것이며, 사업자는 소비자가 부담한 세금을 잠시 보관하였다가 국가에 내는 것이라고 할 수 있다. 모든 사업자는 부가가치세를 내야 한다.

다만 다음과 같은 사업은 내지 않는다.

- 곡물, 과실, 채소, 육류, 생선 등 미가공 식품 판매업
- 연탄, 담배, 복권 판매업
- 병, 의원 등 의료보건 서비스업
- 학원 강습소, 교습소 등 교육 서비스업
- 도서, 신문, 잡지 등을 발행하는 사업

2) 소득세

소득세는 사업을 해서 번 돈, 즉 소득에 대해서 내는 세금이다. 모든 사업자는 소득세를 내야 한다. 하지만 소득세는 여러 공제제도가 있어서 영세사업자는 과세될 소득이 없어 소득세를 내지 않는 경우도 많다. 그래도 신고서는 제출해야 한다.

(2) 부가가치세 과세구조와 계산 및 신고납부

1) 부가가치세 과세구조

2000년 7월 1일 이전에는 부가가치세 구조가 과세특례, 간이과세, 일반과세로 3단계였는데, 현재는 과세특례가 폐지되고 간이과세, 일반과세 2단계로 조정되었다. 연간 매출액이 4,800만 원 이상인 자는 모두 일반 과세자이다(2000년 7월 1일 이전에는 1억 5,000만 원 이상인자).

그리고 간이과세자(연간 매출액 4,800만 원 미만인 자) 중 1,200만 원 미만인 자는 납부면제(변경 전에는 2,400만 원 미만인 자)된다. 이것만 보면 세금이 대폭 올라간 것으로 보일 것이다. 하지만 꼭 그렇지는 않다. 간이과세자는 매입세액공제가 적용되지 않아서 부가세 환급이 불가하므로 신중히 고려하여 선택해야 한다.

흔히 일반 과세자가 되면 세율이 2%(간이과세자 소매업 업종별 부가가치율 20% × 부가가치 세율 10% = 2%)에서 10%로 인상되어 세금이 급격히 늘어 손해라는 생각이 들지만 그렇지는 않다. 매입금액의 10%를 전액 공제받게 되어 오히려 세금이 적어지는 경우도 많다.

간이과세자는 일반적으로 일반과세자보다 부가가치세의 부담이 적다. 하지만, 사업초기에 과다한 인테리어비용, 상품·제품 등의 매입, 가맹비 등에 부담한 부가가치세를 환급받기 위해서는 일반과세자로 사업자 등록을 내는 것이 유리하다. 일반과세자라 하더라도 장부 등의 기장을 성실히 하게 되면 조세부담은 간이과세자보다 적을 수 있다.

다음의 경우에는 항상 일반과세자로 하여야 한다.

- 광업, 제조업(단 과자점, 도정, 제분업, 양복, 양장업 등은 간이과세 적용가능)
- 도매업(도, 소매업겸업 시 포함)
- 부동산임대업으로서 서울시와 시 지역에서 국세청장이 정한 일정규모 이상인 면적의 건물을 임대한 경우
- 시 이상 지역의 과세유흥장소
- 변호사업, 세무사업 등 전문직 사업자
- 기타 국세청장이 정한 간이과세 배제기준에 해당되는 사업자

2) 부가가치세 세금계산법

세액계산 방법(과세방법)

매출액의 10%인 매출세액과 매입액의 10%인 매입세액을 차감하여 납부세액을 계산한다.

3) 부가가치세의 절세방법

① 음식점, 주류업 등의 경우 의제매입세액공제

쌀, 채소, 정육 등을 재료로 하여 음식을 만든 후 이를 판매할 시 그 판매는 부가세 과세대상이다. 타 부가세 과세대상은 상품매입에 대해 부가세를 공제해주는데 음식점, 주류업은 위의 면세품목을 구입하여 재료로 쓰기 때문에 매입세액 공제가 없어 부가세 부담이 너무 많으므로 이를 완화해주기 위해서 면세재료에 일정비율(2/102 또는 5/105)을 정하여 매입세액으로 하여 공제해주는 제도이다.

② 카드, 현금영수증매출의 경우 매출금액의 1%(또는 1.5%)를 납부세
    액에서 공제

카드매출금액의 1%(간이과세자는 1.5%)를 납부세액에서 공제(연 500
만 원한도)하여 준다.

③ 가맹점의 시설비, 가맹점비 등에 대한 세금계산서 구비 시 부가세
    환급

가맹점의 인테리어 , 주방기구, 탁자, 의자, 에어컨, 컴퓨터 등은 모두
세금계산서를 받아야 한다. 왜냐하면 부가세는 바로 공제, 환급되고 소
득세에 있어서는 감가상각 방법으로 수년에 걸쳐 나누어 경비로 처리되
기 때문이다. 또한 가맹금에 부가가치세를 포함해서 부담한 경우 부가
세환급이 가능하다.

④ 전기료, 전화료, 사업자의 핸드폰 요금의 부가가치세 공제

사업자가 사업자등록증을 한국전력공사 및 전화사업자에 제시, 신고
하면 각각의 요금고지서에 사업자등록번호가 기재되어 나오는데 이는
매입세금계산서와 같으므로 그 부가세가 공제된다.

⑤ 도시가스요금 등의 부가가치세 공제

LPG가스, 도시가스, 기타 유류대를 공급자와 공급받는자 사업자등록
번호가 적힌 영수증으로 받으면 부가세가 공제된다.

⑥ 차량운반구 : 사업자등록번호로 구입하는 경우에 부가가치세 매입
    세액 공제

4) 부가가치세 신고납부 일정

과 세 기 간			
구 분		**신 고 기 간**	**신 고 기 한**
제1기	계속사업자 신규사업자사업	1월 1일~6월 30일 개시일~6월 30일	7월 25일
제2기	계속사업자 신규사업자	7월 1일~12월 31일 사업개시일~12월 31일	다음 해 1월 25일

예 정 신 고			
구 분		**예 정 신 고 기 간**	**신 고 기 한**
제1기 예정신고	계속사업자 신규사업자	1월 1일~3월 31일 사업개시일~3월 31일	4월 25일
제2기 예정신고	계속사업자 신규사업자	7월 1일~9월 30일 사업개시일~9월 30일	10월 25일

예정신고 대상자

● 법인

● 신규사업개시자

● 직전기에 환급받았거나 납부할 세액이 없는 사업자

● 간이과세자에서 일반과세자로 유형 전환된 사업자

● 직전과세기간의 공급가액, 납부세액의 1/3미만 사업자
　(선택에 의하여 신고)

● 기타의 경우에는 직전기 납부세액의 1/2을 세무서에서 예정고지
　(단, 간이과세자와 일반과세자중 10만 원 이하는 제외한다)

(3) 소득세 계산과 신고납부

1) 소득세 신고 납부

종합소득세는 1년(1/1~12/31)동안 부가가치세를 통한 매출에서 매입비, 인건비, 임차료 그리고 기타의 경비를 뺀 금액에 대하여 내는 세금이다.

소득세는 1월 1일부터 12월 31일까지 연간 소득에 대하여 다음해 5월 1일부터 5월 31일 사이에 관할세무서에 신고 납부한다.

2) 소득세 계산법

장부를 작성한 사업자

연간 수입금액 − 필요경비	=	소득금액
(소득금액 − 소득공제) × 세율	=	산출세액
산출세액 − (각종 세액공제 + 감면세액)	=	납부세액

종합소득세 세율

과세표준	세율	누진공제
1,000만 원 이하	8%	−
1,000만 원 초과 4,000만 원 이하	17%	800,000
4,000만 원 초과 8,000만 원 이하	26%	4,500,000
8,000만 원 초과	35%	11,700,000

● 장부를 작성하지 않는 사업자 (인정과세)

　장부를 작성하지 않으므로 소득금액을 알 수 없어서 추정하여 세금을 계산하는 것이다.

2002년도 이전 표준소득률제도일 때의 소득금액 계산

연간수입금액 − 필요경비(연간 수입금액 × 표준소득률) = 소득금액
이하 산출 세액 계산은 장부를 작성한 사업자와 같은데 주로 소규모 사업자에 해당되는 계산방법이다. 하지만, 2002년부터 표준소득률 대신에 기준경비율 및 단순경비율에 의해 소득금액을 산출하고 있다.

2002년도 이후 기준경비율제도에 의한 소득금액 계산

무기장 사업자에 대해 매입비용, 인건비, 임차료 등을 주요경비로 하여 위 3가지 경비는 반드시 무기장이라 하더라도 증빙에 의해서만 경비로 인정해 주고 기타 경비는 정부가 동일 업종의 평균 경비율을 참작하여 정한 기준경비율에 의하여 필요경비로 인정해주는 것을 기준경비율제도라 한다.

연간수입금액 − 필요경비
{주요경비 + 기준경비 (연간 수입금액 ×기준경비율)} = 소득금액

연 간 수 입 금 액				
주 요 경 비			기준경비	
매입비용	인건비	임차료	연간수입금액 ×기준경비율	소득금액

※ 기준경비율 제도에 있어서는 기장을 하지 않는 사업자라도 3가지 주요경비는 증빙서류를 제출하여야 필요경비로 인정받게 된다.

※ 위 주요경비의 증빙도 제출하지 않는 사업자는 전체수입을 소득으로 볼 수밖에 없어 엄청난 세금이 부과되므로 결국 기장을 할 수 밖에 없다.

※ 주요경비 증빙자료의 종류　① 세금계산서 · 계산서 · 신용카드매입전표 등 정규증빙자료
　　　　　　　　　　　　　② (구)간이 세금계산서 및 일반 영수증도 포함

제**2**장

효율적인 개점 프로세스

1. 개점 프로세스

'창업이 수성난(創業易 '守城難')' 이라는 말이 있다.

사실 창업은 생명을 걸고 싸운 끝에 얻은 것이기 때문에 그보다 더 어려운 것은 없다. 그럼에도 수성이 더 어렵다는 참뜻은 무엇일까? 천하를 지켜나가기 위해서는 창업과는 또 다른 고심과 노력이 필요하다는 뜻일 것이다. 이제 우리는 창업의 마지막 단계인 개업 준비를 하는 시점에 와 있다. 그럼에도 수성을 말한 이유는 개업 준비가 창업의 마지막 단계이자 수성의 첫걸음이기 때문이다.

개업을 하기 위해서는 여러 가지 준비가 필요하다. 즉 효율적인 점포를 만들기 위해서는 업종의 특성과 상권입지의 특성에 맞게, 점포내부

개점프로세스

구 분	준비기간	점검 내용	비 고
인테리어 (화장실 등)	～까지	– 실내, 출입문 , 주방시설, 조명 친밀감과 편안함 추구 – 점포전면 개폐형 결정은 업종의 특성 고려	– 조명이나 집기도 인테리어와 조화 – 인테리어 최소경비로 깔끔하게 마무리
간판과 상호 및 부착물 설치	～까지	– 간판은 최고품질유지 – 상호는 업종과 주고객 고려 결정 – 입간판 최대한 활용	– 간판은 중요한 광고수단으로 최대한투자 – 간판은 간단명료해야 함
설치물 및 집기	～까지	– 계산대, 진열대 등 설치물은 고객 고려 설치 – 식탁은 디자인과 색상 – 수저류나 휴지통, 기타 집기는 고품격 재질과 색상	– 화장실 사용 편리성 추구
영업신청과 사업자등록신청	–	– 영업개시 전 편안한 시간에 하도록 함	완료
직원채용	～까지	– 직원채용광고수단 고려 – 직원교육	– 직원교육과 개업 예행연습기간 고려 미리 결정

개업안내문
및 이벤트
행사준비
	～까지	– 개업안내문 작성은 점포 특징과 장점부각, 점포위치와
		  연락처 명기
		– 개업안내문 배포
		– 개업직전일:1차상권내 직접 배포
		– 개업일오전: 신문간지 배포
		– 이벤트행사 : 도우미, 앰프, 풍선아치 등
			– 개업안내문 안내문구, 기념품 대용 및
			  수량 결정
			– 개업 1개월 내 집중 배포(4회 내외)

시설과 디자인을 점포 내 공간구성 등을 고려하여 설계해야 하며, 상호 짓기, 간판 및 조명과 각종집기등도 매출 증대에 도움이 되도록 고객중심적 사고방식이 반영되도록 해야 한다. 이러한 일은 점포개업 종합계획을 세워서 하나하나 꼼꼼하게 진행해야 차질을 빚지 아니한다.

2. 강력한 홍보수단 – 점포 전면 가꾸기

점포의 전면은 지나가는 사람들의 눈길을 잡아 끌어들이는 유인수단이자 점포를 홍보하는 강력한 광고판 구실을 한다. 이와 같은 점포 전면에는 간판과 출입문, 쇼윈도 등이 있다. 이것들은 사람의 얼굴과 같아서 그 점포의 첫인상을 좌우한다.

손님들은 대부분 점포의 전면을 보고 구입할지 말지를 결정한다. 간판크기나 글씨체, 사용된 색깔 등 점포의 외관을 보고 자신에게 맞는 상품이 있을지 없을지를 판단하는 것이다. 때문에 특히 점포의 전면은 주고객의 연령층, 성별, 소비성향 등에 따라 효과적으로 꾸며야 한다.

개성과 특성을 살려 자기만의 색깔을 유지하되 동시에 친밀감과 편안함을 느낄 수 있도록 점포 전면을 꾸며보라. 간판의 상호나 쇼윈도만 보고도 무엇을 파는 점포인가를 쉽게 인지해야 한다.

(1) 상호와 간판 구성

1) 주고객을 고려한 상호 짓기

상호는 창업자의 의지나 희망을 담기 마련이다. 하지만 고객의 요구에 상응하는 상호여야 효과적이다. 상호는 가장 짧은 시간에 손님에게 제품이나 서비스를 각인시킬 수 있는 수단이다. 상호는 중요한 광고수 단으로서 매출과 직결되며, 이것과 마케팅 전략이 연계되면 강력한 마케팅 수단이 된다.

어떤 물건을, 누구에게, 어떻게 팔 것인가에 대해 명확히 정의를 내린 다음 이에 맞춰 상호를 지어야 한다. 상호를 지은 후 그것을 나만의 상 호로 사용하려면 상표등록을 해두어야 한다.

① 주고객 연령에 맞게 상호를 지어라

주고객의 나이에 맞게 상호를 짓는다는 것은 달리 보면 업종에 맞게, 품목에 맞게 이름을 지어야 한다는 뜻이다.

예를 들어 취급하는 업종과 품목이 외식업 중 해물칼국수나 쇠고기전 문점인데 요즘 유행하는 튀는 이름이나 외래어를 사용한다면 어떻게 되 겠는가? 따라서 이름을 지을 때는 점포를 주로 찾을 손님들의 특성, 즉 연령층을 분석하여 이름을 지어야 한다. 나이에 따라 생활방식 또한 다 르기 때문에 그 연령층이 선호하는 언어도 매우 다르다.

보통 10대들은 재미있는 이름에, 20대는 튀는 이름이나 독특한 외래 어에 호감을 보인다. 30~40대는 한글 이름에 관심이 많다. 당당히 글 자 수가 길어서는 좋지 않다. 길어야 3~4자 이내로 하는 것이 30~40대 에게는 어필된다.

② 인기 있는 브랜드의 이름들을 살펴보고 상호를 지어라

독특한 아이디어를 내어 이름을 짓는 것도 좋지만, 기존의 것을 응용 한 이름도 좋다.

상호를 짓기 전에 먼저 자신이 하는 업종이 어떤 업종 군에 속하며, 어떤 제품과 경쟁하는지 파악해야 한다. 특히 해당분야의 제품, 현재 광고를 내보내고 있는 인기 있는 브랜드들의 경향을 살펴볼 필요가 있다.

대부분의 손님들은 광고를 많이 하는 브랜드의 이미지에 길들여져 있으므로 이러한 경향을 비교, 분석해 본 후에 방향을 정하는 것이 좋다. 이때 무조건 따라가기 식으로 모방하는 것은 오히려 해가 될 수 있으므로 주의하라. 단순히 모방하기보다는 거기에 참신한 것을 가미하여 자신의 업종에 맞게끔 재미있게 개작하는 정도가 좋다.

③ 장사를 오래 할 것인지, 짧게 할 것인지에 따라 상호를 지어라

장사를 어떻게 꾸려갈 것인지, 즉 계속해서 장사를 할 것인지 아니면 짧게 2~3년만 할 것인지에 따라 이름을 다르게 지어야 한다.

장기적으로 점포를 꾸려갈 계획이라면 유행을 타는 이름보다는 그 사업의 일반적인 특성을 가장 잘 반영해주는 이름을 짓는 것이 좋고, 2~3년 이내에 승부를 거는 유행편승 업종이라면 당연히 유행에 맞는 이름을 지어야 할 것이다.

이름을 결정할 때는 혼자서 하지 말고 주변 사람들에게 도움을 요청하여 여러 가지 이름을 뽑아보고 그중에서 선별하라.

2) 한눈에 들어오는 간판 기획하기

점포를 대표하는 간판은 점포이미지를 결정한다. 사람으로 치면 이름과 같은 것으로 가장 짧은 시간에 제품과 서비스를 손님의 머릿속에 새길 수 있는 수단이다. 그저 점포의 상호만 내다 걸어서는 안 된다. 간판은 점포를 대표한다. 게다가 이름은 그 자체로도 중요한 광고수단이다.

그래서 이름값 한다는 말도 있지 않은가?

간판 형태는 간단명료하고, 눈에 잘 띄며, 보는 사람들에게 호감을 주어야 효과적이다. 전면간판과 돌출간판, 그리고 입간판 등을 최대한 활용한다. 다른 부분의 비용은 최소화하되 간판만은 아낌없이 투자해야 함은 너무도 당연하다.

(2) 출입문과 쇼윈도 구성

1) 출입문

자연스럽게 들어가고 나올 수 있도록 하는 것이 좋다. 지나치게 고급스러운 재질로 화려하게 해놓아도 부담스럽고, 창고형 출입문처럼 촌스럽게 해놓아도 제 얼굴을 깎아먹는다. 취급하는 품목과 전체 분위기에 맞게 시설을 해야 한다.

2) 쇼윈도

전면 쇼윈도는 지나가는 사람의 시선을 붙들어 매는 구실을 한다. 그만큼 시각적인 자극을 주어 구매욕구를 충동질하도록 꾸며야 한다. 형태는 취급업종에 따라서 차이가 많으며, 개방형, 반개방형, 완전 폐쇄형이 있다.

완전개방형은 슈퍼마켓 등 가격이 저렴하고 편의품을 주로 취급하는 업종에 적합하다. 언제든지 마음 편히 들어가고 나갈 수 있는 분위기를 풍기기 때문에 부담 없는 업종에 적합하다.

반개방형은 주로 고객이 쇼핑의 목적을 정해놓은 업종에 적합하다. 의류점, 문구점, 완구점, 전자제품, 기타 일반음식점 등이 이에 속한다.

완전폐쇄형은 고급품점에 어울린다. 특별한 디스플레이보다는 화려하고 고급스러운 분위기를 내어 손님이 점포에 들어서는 것 자체로도 우월감을 느끼도록 해주어야 한다.

하지만 이러한 구분이 최근에는 점차 사라져가고 있다. 자유와 개성을 추구하는 시대의 흐름에 따라서 점차 쇼윈도의 형태도 개방형으로 바뀌고 있다.

3. 강력한 구매수단 - 실내 인테리어하기

점포내부는 일단 점포 안으로 고객이 들어 왔을 때 구매욕구를 느낄 수 있도록 설계되어야 한다. 상품을 보다 매력적으로 보이도록 각종 집기를 배치하는 것은 물론, 상품을 구매하기 편하도록 일정 기준을 정하여 진열대 등을 설계하는 것도 중요하다.

⑴ 인테리어 비용은 최소화하되 과감하게 하라

인테리어를 새로 하지 않으면 안 될 정도로 점포시설이 마음에 들지 않는다면 잔금을 치르기 전에 일정을 잡아서 계획을 세우고 여러 인테리어업체를 비교, 검토한 뒤에 계약하라. 특히 인테리어 견적과 계약은 매우 꼼꼼하게 검토해야 한다.

또한 당연한 말이지만 견적서의 내용은 반드시 확인해야 한다. 견적 내용은 대체로 인테리어 설계비, 자재비, 공사비로 구성되어 있다.

1) 설계에서 빠진 곳이 있는지 꼼꼼히 확인하라

착오는 여기에서 생긴다. 벽이나 천장, 주방, 바닥, 조명뿐 아니라 화장실, 간판, 계단, 기둥 등을 차례차례 점검하라. 자재를 무엇으로 할 것인가도 명확히 해두는 것이 좋다. 이것을 소홀히 하면 나중에 추가비용의 원흉이 된다. 인테리어 계약에서 간판은 대체로 별도 견적을 뽑으므로 확인해야 한다.

2) 공사 중의 사고와 하자보수에 대한 책임문제를 명시하라

공사기간 중에 생긴 사고는 시공업자의 책임임을 명시하고, 공사에 착수한 후 추가로 드는 비용도 시공업자의 책임임을 명확히 해두라.

3) 공사 일정을 명확히 하라

공사 일정이 지연되어 입는 손해는 의외로 막대하다. 이에 대해 책임소재를 명확히 해야 한다.

(2) 인테리어는 상권과 업종의 특성에 맞추어라

인테리어는 점포 분위기를 좌우한다. 상권과 업종의 특성에 맞추어서 인테리어를 하라. 특히 연령층에 따라서 선호하는 디자인과 색상이 다르므로 주고객이 선호하는 것을 선택하여 실내를 꾸미는 것이 중요하다.

10~20대의 젊은 층들은 주로 원색적인 색상에 심플한 디자인을 선호하는 경향이 있다. 요즘 신세대들과 30~40대의 색채감각은 서로가 자라온 환경만큼이나 다르다.

색상과 디자인은 업종에 따라서도 많은 차이가 있다. 업종에 따라 이용하는 손님의 연령층이 다르기 때문에 당연한 것이다. 인테리어 색상은 계절에 따라 겨울에는 따뜻한 색으로 여름에는 시원하고도 심플한 색으로 변화를 주는 것도 좋다.

1) 주방과 화장실은 청결하게 보이도록 한다

주방과 화장실은 없는 듯하지만 지저분하면 가장 악영향을 발하는 곳이다. 특히 음식점의 경우 청결상태가 매우 중요하다.

보통 이곳을 소홀히 취급하는데 장사가 잘 되는 곳을 한번 가보라. 청결상태는 물론이고 시설 역시 뭔가 독특한 데가 있어서 매장을 살려주고 있다. 남들이 신경을 쓰지 않는 곳, 바로 그곳에 성공의 비밀이 숨어 있다.

2) 설치물이나 가구도 인테리어와 조화시켜라

① 계산대

계산대는 손님의 통행에 불편을 주지 않아야 하고, 안정성을 고려하여 업종이나 점포크기에 따라서 출입구의 앞이나 옆 또는 뒤에 설치한다. 또한 불가피한 경우가 아니라면 안쪽에 설치하는 것은 피하라.

계산대는 손님에게 부담이 되는 곳이므로 없는 듯한 인상을 주도록 연구해야 한다. 손님과 정면으로 마주 보이는 곳은 계산대로서 부적합하다. 이 점을 소홀히 해서 고객을 잃는 점포가 수없이 많다는 것을 유념하라. 한편으로는 손님의 동향을 살필 수 있는 곳이어야 한다는 것도 염두에 두기 바란다.

② 기타 진열장이나 집기

진열장은 단순히 상품을 나열해 놓는 곳이 아니다. 손님들이 진열장의 상품을 보고 사거나 먹고 싶다는 구매욕구를 느낄 수 있도록 하라.

탁자와 의자 등은 특히 업종에 따라 신경을 써야 하는 부분이다. 단순히 물건을 놓거나 앉기만 하는 시대는 갔다. 그만큼 디자인과 색상, 그리고 안락함과 함께 인체공학적인 면까지도 감안해야 한다는 뜻이다.

그런데 여기서 고객의 입장이 아닌 주인의 입장에서 의자에 신경 써야 하는 업종이 있다. 바로 음식점과 일부 주점인데, 의자가 편안하면 손님들이 너무 오래 머무르게 되어 회전율이 떨어질 수 있다. 따라서 이때는 약간 작거나 딱딱한 의자를 사용하는 것도 좋다.

일부 주점에서는 칸막이 시설 역시 회전율이 떨어지는 요인이 되므로 칸막이 높이를 낮추는 요령도 필요하다. 물론 법적으로 칸막이 시설이 가능한 업종에 한한다.

③ 실내 분위기를 좌우하는 조명

실내조명의 효과는 빛의 양과 조명기구의 종류, 그리고 빛의 방향에 따라 결정된다. 실내의 밝기는 취급품목이나 업종에 따라 달리 해야 하는데 생필품은 약간 더 밝게, 고급품은 약간 더 어둡게 하는 것이 요령이다. 또한 빛의 방향도 매우 중요하다. 중요한 것은 빛이 손님의 눈으로 들어가지 않도록 하는 일이다.

형광등은 청색 같은 차가운 색을 선명히 부각시키는 반면에 적색과 같은 따뜻한 계통의 색은 어둡게 한다. 반대로 보통의 백열등은 따뜻한 계통의 색을 밝게 부각시키는 반면에 차가운 색 계통은 어둡게 한다. 업종과 품목에 맞게 적절히 조화시키자.

업종 특성에 따른 조명

빠른 테이블 회전을 요구하는 패스트푸드점에서는 밝은 조명이 적합하고, 식사에 치중하는 경우는 음식을 돋보이게 해 미각을 자극하는 조명이 좋으며, 음료와 주류 공간은 편안한 분위기를 연출하는 조명이 적합하다.

대중음식점은 형광등과 백열등을 조화롭게 구성하여 밝고 명랑하면서도 편안한 분위기를 내고, 고급 음식점에서는 객석 조명은 아늑하게 낮추고, 식탁을 국부 조명해 장식성을 살리는 것이 좋다. 국부 조명의 색상은 식욕을 돋울 수 있는 광원을 사용하는 것이 효과적이다.

주요 고객에 따른 조명

가족단위 고객이 많다면 특정 시간대만이라도 업소 내부를 밝게 유지하는 것이 중요하다. 아이들은 밝은 곳을 좋아하며 안전사고 위험도 있을 수 있기 때문이다. 하지만 회사원들이나 커플 고객이 많다면 밝고 편안한 조명이 좋다.

내부 공간에 따른 조명

홀은 업소의 컨셉에 맞게 조명을 설계해야 한다. 주방 등 음식을 준비하는 공간은 밝은 것이 좋다. 깨끗하고 청결한 분위기를 조성해 주고 사고를 예방할 수 있기 때문이다. 구석이나 외진 곳 역시 오히려 밝은 조명을 갖추어야 안전하다.

업소내 청결, 이런 부분 주의하자

식음업소일수록 청결이 중요.
아무리 청소해도 놓치기 쉬운 취약부분, 이렇게 관리하면 효과적이다.

1) 외식업의 5가지 요소와 청결
-외식업의 5요소 :
L(location, 입지), Q(quality,품질, 맛), C(cleness, 청결), S(service, 서비스),
V(value, 가치, 음식가격 대비 만족도)

-외식업의 핵심요소와 청결 :
이 5가지 요소 중 일반음식점은 입지, 전문음식점은 입지와 맛, 분위기의 차별화
가 가장 중요하다. 하지만 청결 역시 중요하다.

2) 업소 내 청결은 인테리어나 각종 집기류의 배치와 보관 상태에서부터 시작한다

청결은 인테리어의 디자인과 색상, 각종 집기류의 디자인과 색상, 배치와 보관 상
태에서부터 시작된다고 할 수 있다.

인테리어는 점포 분위기를 좌우한다. 연령층과 업종에 따라서 선호하는 디자인과
색상이 다르므로 주고객이 선호하는 것을 선택하여 실내를 꾸미는 것이 중요하다.

각종 집기류의 디자인과 색상, 배치도 전체분위기와 조화를 이루어야 한다. 점포
전체의 인테리어가 조화를 이룬다면 자연스레 청결해 보인다.

3) 업소 내 청결상태 효과적 관리

이런 연후에 비로소 매장 내 청결상태를, 체크리스트를 활용하여 점검하는 것이 효과적이다. 청결은 항상 손님의 입장에서 보려고 하는 자세가 필요하다. 식품의 안전은 무엇보다도 중요하다.

−입구와 현관 :
바닥 청소 상태, 카운터 주변 정리정돈 상태

−주방과 홀 :
주방 바닥, 벽면, 천정, 주방 집기류의 청결상태
홀 바닥, 테이블 , 재떨이, 조명기기, 유리창과 창턱 청결상태

−화장실 :
화장실 바닥, 벽면, 천정, 조명기기, 좌변기, 소변기, 세면대, 거울, 기타부착용품 청결 상태 등(특히 화장지 정리정돈 등)

4. 개업 – 모든 힘을 집중하라

(1) 개업일에 홍보효과를 극대화하라

개업일은 대단히 중요하다. 바로 점포가 탄생하는 날이기 때문이다. 모든 사람에게 알려서 탄생을 축하받고 계속해서 장사를 해나갈 수 있어야 한다.

하지만 점포만 열었다고 저절로 손님이 들어 오는 것은 아니다. 따라서 개업일에는 생면부지의 사람들을 끌어들이기 위해서 무언가 행사를 해야 한다. 홍보전단도 돌리고, 판촉물도 나눠주고, 도우미도 활용하고 경품도 제공하는 등 독특한 아이디어를 담은 각종 이벤트를 곁들여 보라.

가만히 앉아만 있어서는 손님들이 오지 않는다. 멀리서도 소문을 듣고 올 수 있도록 적극적으로 마케팅을 구사하여 홍보효과를 극대화하라.

(2) 개업일에 판매촉진 활동을 추진하라

전단지 홍보를 할 때 1차 상권 범위 내에는 일일이 직접 뿌리고, 2차 상권 범위 내까지는 신문지에 넣어 배포하는데, 이는 최소한 2회 이상 실행해야 한다.

홍보는 개업 후 1개월 이내에 최소한 4회 정도는 지속적으로 실시해야 하며, 그 이후에도 정기적으로 실시하는 것이 바람직하다.

이러한 지극히 기본적인 상식은 창업자들 중 모르는 사람도 없으며, 또한 개업 시에는 매우 적극적으로 의지를 불태우기도 한다. 그런데 개업 일주일 후면 거의 그러한 상식도 의지도 사라져 버리고 만다. 장사가 잘 되면 잘 된다고 홍보의 필요성을 못 느끼고, 장사가 안 되면 안 된다고 의기소침해서 홍보할 의욕을 잃고 있거나 심지어 홍보의 필요성까지도 의구심을 갖게 되지만 전단지 배포와 같은 최소한의 노력은 필수이다.

　판매촉진 활동은 자기의 점포에 맞게 추진하라.

　샘플제공은 손님의 구매욕구를 자극해 주의를 집중시켜 상품의 인지도를 제고시킬 목적으로 사용한다.

　경품제공은 손님들에게 사은품을 제공하는 것으로, 구입자 일부에게만 제공하는 현상 경품방법과 구입자 전원에게 제공하는 기념품 제공방식이 있다.

　가격할인은 보통 1회에 5~10일 정도 하는 것이 바람직하다. 매출증진에는 기여하는 방식이나 남발할 경우 싸구려 상품을 파는 점포라는 이미지를 낳을 수 있다. 특히 외식업에는 알맞지 않은 방법이다. 품질에 의심을 받을 우려가 있다.

　지불조건 다양화는 신규고객 확대 및 구매를 촉진시키기 위해 사용하는데 무이자 할부판매, 현금가분할판매 등을 시행한다.

사은품, 효과 보려면 이렇게 하라

점포를 알리고 제품을 선전하는 것이 판매촉진의 기본이다. 소비자가 제품의 존재를 인지하고 구매하기까지의 과정을 단순화한 모델에 [아이드마(AIDMA)]란 것이 있다.

아이드마는 Attention(주의=안다, 눈에 띈다), Interest(흥미=관심을 가진다), Desire(욕구=사고 싶다), Memory(기억), Action(행동=구매)의 머리글자를 딴 것이다. 이 과정에서 소비자가 어떤 상태일 때 어떻게 자극하면 최종단계인 '행동' 즉 '구매'에 이르는가를 연구해서 실행하는 것이 바로 판매촉진활동인 것이다.

그 중의 한 방법으로 사은품행사를 한다. 어떻게 하면 버려지지 않고 효과를 볼 수 있을까? 매장오픈시기별, 매장특성별(주고객 특성별)로 어떤 사은품 제공방법과 사은품이 적합한가를 알아보자.

1) 매장오픈시기별 사은품 제공 방법과 사은품

- 매장 오픈초기 : 현상경품은 중고가상품, 기념품제공은 중저가상품 동시에 구사.
- 매출부진시: 현상경품방법이 적합, 매장운영규모에 맞추어 중고가 상품 제공.
- 각종기념일 : 기념품제공방법이 적합, 매장의 특성(주고객층과 성별)에 따라서 주고객에게 필요한 중저가 상품 제공.

2) 매장특성별(주고객특성) 사은품제공방법과 사은품

- 주류취급 업소

  주고객이 20~30대인 경우

  현상경품방법이 효과적임. 특히 즉시 당첨여부를 알 수 있는 경품(즉석복권 등) 제공 방법은 즉효를 봄.

  주고객이 30대 후반 이상인 경우 :

  현상경품에 더불어서 기념품제공을 전원에게 하는 것이 좋음.

- 주류 미취급업소

  주고객이 10대 후반~20대인 경우 :

  기념품제공방법으로 참신한 사은품(가격, 아이템 불문 신제품)

  주고객이 20대 후반이상의 주부인 경우 :

  기념품제공방법으로 생활편의용품 제공

  주고객이 어린이인 경우 :

  기념품제공방법으로 색다른 포장용 사탕이나 초코렛 등 제공.

(3) 개업 초기에 승부를 걸어라

개업 날 방문한 손님을 단골로 만들기 위해서는 그들의 마음을 파고 드는 그 무엇인가를 보여주어야 한다. 개업식 홍보를 극대화하라고 하는 까닭도, 손님이 일단 점포에 오고 난 연후에야 점포에 대한 평가를 거쳐 단골이 될 수 있기 때문이다. 사실 홍보 그 자체가 목표는 아니지 않은가.

개업행사란 단골을 만드는 장일뿐이다. 그렇다면 손님들을 단골로 만들어주는 것은 무엇인가? 그것은 풍요로운 상품과 차별화된 점포 분위기, 그리고 마음에서 우러나오는 서비스이다. 이것이 빠진 개업식은 오히려 역효과를 낳는다. 개업이 급하다고 준비가 덜 된 상태에서 행사를 벌이면 초전박살 나고 만다.

'다음에 다시 올 때 잘 해줘야지' 하는 섣부른 생각은 아예 하지 마라. 장사에서 다음 기회란 없다. 손님은 매우 민감하다. 특히 개업한 점포는 호기심의 대상이 되기 때문에 개업 초기 며칠 사이에 성공과 실패의 결판이 나게 되어 있다.

개업 일주일 이내에 그 점포에 대한 소문이 돈다. 평판이 난다는 말이다. 장사의 성패는 이때부터 서서히 윤곽을 드러내게 되어 있다. 처음부터 다양한 상품과 저렴한 가격, 차별화된 점포 분위기와 친절한 서비스를 갖춘 점포는 '개업발'이 탄력을 받아서 쉽게 일어서지만 그렇지 못한 점포는 말 그대로 개업발로 끝나고 만다.

여러분은 이 점을 명심해야 한다. 다소 개업이 늦더라도 충분히 준비한 후에 개업하라.

제3장

점포경영전략

이제 우리는 창업 이후에 맞닥뜨리게 되는 점포경영에 대하여 살펴보는 시점에 서있다. "아무리 견고한 성일지라도 지키려고만 들면 흙벽돌처럼 무너진다."는 말을 깊이 새겨 21세기의 화두인 '적극적·공격적'인 경영의 토대를 쌓기 바란다.

사실 경영이라고 하면 지나치게 쉽게 생각하거나 또는 지나치게 어렵게 생각하는 경향이 있는데, 점포운영도 엄연한 사업체이기 때문에 체계적인 경영이 필요하다. 하지만 점포경영은 기업체 수준의 경직되고 복잡한 경영을 요구하지도 않고 필요하지도 않다.

소비자, 그들은 모든 사업의 근원이다. 소비자 없이는 어떤 사업도 할 수 없다. "누군가가 무엇을 사기 전까지는 아무 일도 생기지 않는다."는 말이 있다. 모든 사업의 가장 중요한 기능은 소비자를 만들어내고 유지하는 일이다.

우선 소비자를 잡기 위해서는 직원관리, 고객관리, 상품관리, 자금관리 등 점포관리를 철저히 해야 한다. 그리고 점포 활성화전략이나 회생전략을 끊임없이 강구해야 한다.

마지막으로 이런 운영전략을 시행했는데도 불구하고 3개월 이상 점포의 회생기미가 보이지 않으면 바로 전업이나 매도전략으로 들어가야 한다. 전업이나 매도전략도 점포운영에 있어서 중요한 전략이다.

1. 불황기 점포운영전략

불경기에는 소비심리가 위축되어 있다. 입지가 좋은 곳에서 장사를 하든 나쁜 곳에서 하든 누구라 할 것 없이 모두 영업이 부진하다.

당연히 장사는 입지불문하고 침체에 빠져 있다. 입지조건이 나쁜 경우에는 거의 어떤 방법도 강구할 수 없을 정도로 상황이 안 좋아진다.

호경기 때보다 전반적으로 매출이 하락하기는 하지만 이런 악조건 하에서도 입지가 좋은 점포는 여전히 잘 된다.

창업단계에서부터 점포운영에 이르기까지 제반사항을 재점검하고, 문제점을 발견하고 해결하기 위해 모든 노력을 쏟아야 불경기를 극복해 나갈 수 있으며 나아가 창업성공도 바라볼 수 있다.

침체기를 극복하는 방법론을 살펴보자.

첫째, 흔히 초보창업자들이 저지르기 쉬운 실수가 인건비 등 제반 경비를 줄이려는 것인데, 이는 오히려 점포자체를 회생불능으로 몰고 갈

확률이 높다. 단순히 손익분기점에 맞추는 등 회계학적인 수치에 매달리는 것은 사업가로서는 부적절한 태도다. 사업은 그 자체가 모험과 도전정신을 내포하고 있다.

그렇다고 방만한 운영을 하라는 것은 절대 아니다. 정도(正道)로 어려움을 뚫고 나가라는 것이다. 예를 들어 인건비를 줄이는 것보다는(점포 분위기가 극도로 침체됨) 차라리 점포의 어려움을 극복해 나가기 위해 전력투구하는 것이 좋다.

둘째, 점포침체를 불가항력적인, 외부적인 요소(사회전반적인 불경기 등)에만 돌려서는 안 된다. 우선 점포의 문제점을 차례차례 진단해서 그 해결책을 찾아야 한다는 것이다.

점포입지와 업종이 과연 적합한 것인지, 그리고 애초에 경쟁점포를 파악하고 장사를 시작했지만 막상 부딪쳐보니 경쟁력에서 뒤지는 경우도 있고, 자기 점포보다 더 강력한 경쟁점포가 새로이 출현하는 경우도 있으니 이때에는 입지조건과 점포크기 등을 비교하여 경쟁 점포와의 경쟁력 우위를 지키고 있는지, 고객 서비스 등의 문제점은 없는지를 파악해야 한다.

셋째, 상권입지와 업종의 적합성, 경쟁점포와의 경쟁력, 그리고 점포관리에 있어서 모두 문제가 없는데도 점포가 부진하다면 이것은 마케팅 전략이 잘못된 것이다.

점포가 위치하고 있는 상권이나 취급하는 업종에 맞지 않는 마케팅 전략을 구사한 것은 아닌지 재점검해 보아야 한다.

예를 들어 가격전략이 유용하다고 판단하여 강남지역 상권에서 가격을 싸게 하여 판매했다면 그것이 먹히겠는가? 또는 음식점의 경우 파격적인 할인가격 전략을 구사한다면 초기에는 일시적으로 먹히겠지만 장기적으로는 점포 이미지를 악화시켜 결국 매출부진으로 이어진다.

이와 같이 마케팅 전략은 상권과 업종의 특성에 따라 적합한 것을 구사해야 한다.

2. 점포관리전략

(1) 직원관리: 가족처럼 대하라

창업에 있어서 업종과 입지가 중요하다고 누차 강조했지만 이제 그것을 완성시켜야 하는 단계에 있다. 성공적인 창업을 완성하려면 각종 경영전략이 필요하다. 그 중에서도 가족처럼 일할 직원은 그 무엇보다도 중요하다.

"하급의 인간은 자신의 능력만 열심히 쓰고, 중급의 인간은 자신 이외 사람들의 힘을 쓰며, 상급의 인간은 사람들의 지혜를 쓴다."는 옛말을 되새겨 보길 바란다.

<table>
<tr><th colspan="3" align="center">직원 교육 과정</th></tr>
<tr><th>교육과정</th><th>교육내용</th><th>비고</th></tr>
<tr><td>관리자 교육</td><td>-점포운영 실무, 회계실무
-직원채용과 시간관리기법 등</td><td></td></tr>
<tr><td>경력사원</td><td>-업무수행의 기본
-상황분석과 문제해결</td><td></td></tr>
<tr><td>신입사원</td><td>-업무의 기본이해와 예절교육
-근무요령과 청결, 위생교육</td><td></td></tr>
</table>

1) 직원 채용기준과 교육시스템을 구축하라

직원 채용은 일반적으로 지역생활정보지나 인터넷 · PC 정보통신망을 이용하면 불편 없이 해결할 수 있다. 하지만 아무나 채용할 수는 없으니 직원 채용기준을 활용하라.

일반적으로 항상 얼굴에 웃음을 머금고 누구에게나 친절한 직원, 솔직하고 성실한 직원, 유연하고 감각이 있는 직원, 사람을 좋아하고 설득력 있는 직원, 깨끗하고 단정한 직원, 남을 배려할 줄 아는 직원 등이 채용기준이 될 수 있다.

하지만 사실 이와 같은 사람을 어떻게 구한단 말인가? 어느 면에서는 배우자 구하는 것보다도 더 어렵다. "인생은 탐구하면서 살아가는 것이 아니라, 살아가면서 탐구하는 것이다. 실수는 되풀이되고, 그것이 인생이다."는 말처럼, 위와 같은 종업원을 구하지 못하는 실수를 했다 하더라도 바로 교육으로 변화시켜라.

2) 직원은 점포의 얼굴, 인간적으로 대하라

장사를 하게 되면 크든 작든 혼자서는 할 수 없다. 따라서 사람을 두어야 한다. 하지만 직원을 단순히 고용인이라고 생각하여 사람을 부린다는 차원에서 바라보아서는 안 된다. 주인이 직원을 인간적으로 대해주어야 그들 또한 자발적으로 따라준다. 그래야 장사도 제대로 된다.

직원은 상품과 손님을 이어주는 다리 역할을 한다. 즉 손님의 마음을 움직여 물건을 사도록 하는 다리이자 그 점포의 얼굴이다. 사실 직원의 역할에 따라 매출은 확연히 달라진다. "물이 깊어야 고기가 모인다"고 한다. 덕으로 너그럽게 대하라는 말이다.

일단 직원을 무조건 믿으라. 내가 상대를 믿어주지 않는데 그 또한 나를 믿어줄 리 없다. 자신을 믿지 못하는 주인 밑에서 열심히 일해 줄 직원은 한 명도 없다.

3) 직원 업무분담은 확실히, 직원과 점포운영을 같이 하라

점포운영에 관한 권한을 일정 부분 인정하여 점주가 없을 때도 원활히 운영되도록 업무분담을 확실히 하라. 그리고 점포운영에 필요한 주요 의사를 결정하는 데에 참여시켜 그들의 의견을 적극 반영하라. 하지만 지나친 권한부여는 삼가기 바란다.

현장에서 점포를 운영하고 있는 사람들의 하나같은 고충이 바로 이 부분이다. 지나치지도 않고 부족해서도 안 되게끔 권한을 부여한다는 것이 매우 어렵다는 것이다.

권한위임이 지나치면 사사건건 간섭하여 점포 운영전략에 차질이 빚어질 확률이 높고, 권한위임이 부족하면 협력을 하지 않는 경우가 많다.

직원의 협력 없이는 어떠한 점포도 성공할 수 없음을 명심해야 한다.

하지만 지극정성을 다했는데도 직원이 따라주지 않는다면 그때는 과감하게 조처를 취해야 한다. 이때 우유부단하게 행동하면 인정 있는 사람으로 비치기는커녕 점포 전체에 악영향을 끼치게 된다.

인력 및 업무분장				
직 책	업무내용	근무시간	급여수준	기타

(2) 고객관리 : 진심을 다하라

1) 고객감동

항상 얼굴에 웃음을 머금고 누구에게나 친절한 직원, 솔직하고 성실한 직원, 유연하고 감각이 있는 직원, 사람을 좋아하고 설득력 있는 직원이 좋은 직원인 것은 자명하다. 하지만 이러한 직원일지라도 진심어린 마음이나 행동이 전제되었을 때에 좋은 이미지를 낳는다는 것을 명심해야 한다.

소자본 점포는 지역밀착형 사업이다. 대형 백화점과 같은 고객창출형 사업이 아니다. 대부분 지역에 근거를 둔 사람들과 자주 만나는 사업이므로 의례적인 예절로는 그들을 만족시킬 수 없다. 투박하더라도 진심어린 태도나 말 한마디가 그들을 감동시킨다는 뜻이다.

2) 고객관리

진심어린 마음은 항상 머금고 있는 미소로 표출된다. 진심에서 우러나는 행동과 미소야말로 고객관리의 최대 무기이다.

3) '정성이 깃든 접객서비스' 점검표

점검 사항	예	아니오	비 고
몸가짐과 복장은 단정한가			
머리모양은 청결한가			
웃는 얼굴로 손님을 대하는가			
정성이 깃든 태도인가			
손님을 배려하는 접객을 하는가			
손님의 입장에서 고운 말씨를 쓰는가			
각 서비스단계가 정형화되어 있는가 　- '어서 오십시오' 등 상냥하게 인사 　- 안내는 직접 몸으로 정중하게 　- 주문받기는 공손하고도 분명하게 　- 주문실수나 지체 시에 정중하게 사과 　- 상품제공과 치우기 시 바르고 상냥하게 　- 계산 시와 퇴점 시 감사 인사하기			
손님의 요구사항에 적절히 대처하는가			
손님의 불평에 웃는 얼굴로 대하는가			

(3) 상품관리 : 수시로 점검하라

제조업과 소매업은 상품관리의 포인트가 다르다. 제조업은 상품개발이 포인트라면 소매업은 상품구성이 포인트이다. 어떠한 상품을 얼마만큼 구비하며 어떻게 진열하는가가 중요하다.

만약 외식업이라면 무엇이겠는가? 맛의 차별성과 전문성을 유지하는 것이 될 것이다. 이러한 상품관리는 다른 마케팅 전략(가격, 유통, 촉진)보다도 우선된다. 즉 가장 기본이라는 말이다.

(4) 자금관리 : 손익을 확실히 하라

자금관리는 쉬운 듯하지만 의외로 어렵다. 매일 매출이익과 비용을 점검해야 한다. 매출이익을 올리기 위한 전략도 필요하지만 그에 못지않게 비용관리도 중요하다.

적절한 인건비가 유지되는지, 기타 각종 비용이 적절히 통제 관리되는지 점검해야 하는 것은 기본이다. 또 영업초기에는 약 3개월 정도 수익이 없을 것으로 상정하여 미리 소요될 자금을 예비자금으로 확보해 두는 것이 좋다.

1) 소요자금 추정

창업관련 제반 소요자금 추정은 업종에 맞는 점포입지와 점포크기를 파악하는 창업초기단계에 이미 대략적인 윤곽이 잡히며, 점포를 확정하고 사업계획서를 구체적으로 작성하는 시점에는 소요자금이 항목별로 구체적으로 추정된다.

이러한 소요자금은 크게 두 가지로 나누어 구분하여 보아야 한다. 그 중 하나는 초기투자비의 개념인 창업투자비용이고, 또 다른 하나는 실제 영업할 때 발생할 영업수지비용인데 이는 약 3개월분 정도 수익이 없을 것으로 상정하여 소요자금으로 하는 것이 좋다.

① 창업투자비용

구　　　분	비용 항목
점포구입비용	점포보증금, 점포권리금
점포공사비용	점포철거, 실내외 인테리어비, 간판비
집기비품비용	영업비품비, 장치비품비, 운영비품비, 물류비품비
상품구입비용	초도물품비, 전시상품구입비, 관련재료구입비
가입비용	체인점일 경우 가맹비, 전화가입비, 기타 협회가입비
개업행사비용	개업행사에 소요되는 제반 비용
홍보 및 판촉비용	광고선전비, 판촉물구입비, 각종인쇄물제작비
기타 비용	시장조사비, 상담 및 컨설팅비, 접대비 등

② 영업수지비용

영업수지비용을 알아보는 목적은 점포영업 시 예상되는 발생비용과 수익을 추정하여 창업타당성을 분석하는 데에 있다.

따라서 회계기준에 의해서 항목별계정과목을 분류하여 손익계산서와 대차대조표를 작성하여야 하지만 소점포의 운영특성상 다음과 같이 간략하게 구분하여 사용한다.

매출원가

판매상품의 구입비, 또는 원재료구입비

판매 및 일반관리비

— 점포임대료

— 관리비: 전기, 가스, 상하수도료 등

— 인건비: 직원 급료

— 광고선전비

— 기타 제비용 통신비. 공과금, 차량유지비, 기타 소모품비

비지출비용

감가상각비, 대손상각비, 이자기회비용, 점포주인건비, 재고감모
손실 등의 비지출비용은 소요자금추정에서는 제외한다

2) 자금조달방안

창업을 할 때 자금규모 내에서 해야 하는 것은 당연하다. 그런데 대충 '어느 정도 돈을 댈 수 있겠지' 하는 막연한 생각을 가지고 있는 사람이 의외로 많다. 당연히 이런 창업자는 실패로 귀결되고 만다.

순 자기자본금 이외에 확실히 믿을 수 있는 창업자금지원금 등 금융권의 대출이 확보되어 있어야 한다. 물론 이 대출의 경우에도 자기 자본금의 비율을 넘어선다면 위험하므로 창업을 재고해야 한다.

사람의 욕심에는 한이 없다. 지나친 무리를 범하지 마라. 무리한 창업은 결국 스스로 주저앉게 되고 마는 참담한 결과를 낳을 수 있다는 것을 명심하고 창업자금지원기관을 최대한 활용하라.

3. 효과적인 마케팅 전략

누구라도 뛰어들 수 있고 누구라도 망할 수 있는, 변화가 심하고 경쟁이 심한 시장에서 제대로 적응하기란 매우 어렵다. 고객들의 다양한 욕구, 다양한 기술개발, 인터넷 홈쇼핑과 같은 새로운 유통구조의 등장 등으로 시장은 불안정하기 이를 데 없다.

살아남기 위해서, 그보다 성공하기 위해서는 반드시 시장개척이 필요하다. 당연히 바로 마케팅 전략이 필수이다.

마케팅(marketing)이란 '시장에서 일어나는 일'이다.

즉 '소비자의 지속적인 구매활동을 촉진하기 위하여 만들고 행하는 모든 활동영역'을 마케팅이라고 한다. 기업에서 주로 사용되던 마케팅이란 단어가 어느덧 소점포자영업에도 도입되었고 앞으로는 차별화된 마케팅이 요구되고 있다.

마케팅을 실현하는데 있어서 가장 기본이 되고 중심이 되는 네 가지 요소가 있는데 이것을 마케팅의 4P요소라고 하며 마케팅믹서라고도 말한다. 상품(Product)과 가격(Price), 판매촉진(Promotion), 유통(Place)이 마케팅의 4P 요소인데, 이것에 비추어 자기 점포의 현재 상태를 정확히 파악하여 알맞은 마케팅 전략을 세워 실행하라.

(1) 상품전략 (Product)

상품이야말로 마케팅 요소 중 가장 기본이 된다. 다른 마케팅 전략을 아무리 잘 구사해도 상품이 뒷받침되지 않으면 성공은 어렵기 때문이다. 상품을 잘 구성해야만 소비자들의 욕구를 충족시켜줄 수 있다.

(2) 가격전략 (Price)

가격 결정은 경쟁과 수요와 비용(원가 고려)측면을 고려하여 결정한다. 좋은 상품도 합리적이고 현실적인 가격이 아니면 소비자는 외면한다. 동업종 간, 동상품 간의 판매가격을 파악하여 비교경쟁우위의 가격을 결정·유지해야 한다.

또한 가격결정 시에 수요측면과 비용측면도 아울러 고려해야 한다. 고객이 가격 변화에 어떻게 반응하는가에 관한 것은 가격결정 시 기본적으로 고려해야 하며, 비용을 정확히 알아야 적정한 수준에서의 가격 결정이 이루어질 수 있다.

가격책정이 수요에 직접적인 영향을 미치고 있다. 가격의 변동에 따른 구매자의 수요에 대한 민감성 정도를 수요탄력성이라고 하는데, 일반적으로 필수품은 비탄력적이고 사치품은 탄력적이다.

또한 손님에게는 상품의 가격에 대한 심리적 하한선과 상한선이 있다. 따라서 판매가격의 마지노선을 유지하며 고객심리를 활용하여 가격을 책정하는 것도 전략이다. 이외에 가격전략으로 다음과 같은 것이 있으므로 상황에 맞게 활용하라.

1) 끝수가격(단수가격)

심리적으로 저렴하다는 인식을 심어주기 위해 끝자리 수를 이용한 가격전략이다. 딱 떨어지는 1만 원이나 1,000원보다는 9,900원, 990원 등의 예를 보라. 저가격 호프주점에서 톡톡히 재미를 본 가격전략이다.

2) 준거가격

소비자가 상품을 구입할 때 가격의 높고 낮음을 비교할 수 있는 기준이
되는 가격, 예를 들어 브랜드 의류의 경우 정가를 표기한 뒤 그 밑에 할인
가격을 표기하여 진열하는데 이때 정가표시가 준거가격 역할을 한다.

3) 판매촉진 할인가격

정상가보다 가격을 낮춰 일정 기간 동안에 판매하는 것이다. 유통업
체 중 할인점 월마트, E마트 등의 등장으로 최근에는 기존 유통업체들
도 가격할인이 상례화 되다시피 하고 있는 실정이다.

4) 유인가격

일명 미끼상품 가격이라고도 한다. 점포의 한두 가지 상품을 원가 이
하의 가격으로 판매함으로써 고객들에게 싸다는 인상을 주어 점포로 유
인하는 가격전략이다. 슈퍼마켓 등에서 즐겨 사용하고 있다.

5) 시간대별 차별가격

시간별 · 일별 · 월별 · 계절별로 다른 가격설정, 공휴일이나 심야시간
대 전화요금 할인, 조조할인 극장 등이 그 대표적이다. 이러한 시간대별
차별가격 전략은 점포운영의 묘미를 더해 줄 것이다. 예를 들면 호프주
점에서 초저녁 손님을 잡기 위해 초저녁 일정 시간대 가격을 할인하는
경우에 상당한 효과를 볼 수 있다.

(3) 유통전략 (Place)

상품을 고객이 원하는 시기에, 원하는 장소에, 원하는 방법으로 공급해주는 시스템을 유통이라 한다. 이 유통의 양적인 전력을 현장에서는 흔히 영업력이라 부르며, 이 영업력은 상품력에 버금가는 중요한 마케팅 수단이다.

최근에는 물적 유통에 관한 관심이 높아지고 있는데, 물적 유통 비용이 날로 증대되고 있으며 이를 어떻게 절감할 수 있는가가 관심의 대상이 되고 있다.

(4) 판매촉진전략 (Promotion)

판매촉진전략은 즉각적인 판매증대를 유도하기 위한 단기적인 유인책이다. 손님들은 그 점포에서 어떤 상품을 팔고 있는지 알지 못하면 상품을 사러 오지 않는다. 따라서 점포에서는 손님들에게 자기 점포가 취급하는 상품을 소개하기 위해 판매촉진 활동을 하는 것이다.

이러한 판매촉진전략에는 광고, 판매촉진, 홍보 등이 있다.

광고는 적극적으로 해야 한다. 이왕 할 바에는 효과적인 광고방법과 시기, 수량, 그리고 목표까지 구체적으로 계획을 세워 꾸준히 반복적으로 하라. 그리고 그때그때 효과가 있었는지를 점검하면서 방법이 나빴으면 방법을, 시기가 적절하지 못했으면 그 시기를 수정하면서 계획성 있게 밀고 나가라.

광고를 하기 위해서는 우선 광고대상을 정해야 한다.

어느 계층과 어느 지역에 할 것인지, 상품을 광고할 것인지 점포 자체를 부각시킬 것인지를 정해야 하는 것이다. 광고는 손님으로 하여금 보도록 만들어야 한다. 그저 미사여구만 나열되어 있을 뿐 아무도 쳐다보지 않는다면 소용이 없다. 때문에 어떻게 광고를 하느냐도 중요하다. 모든 광고방법을 동원한다면 좋지만 그것은 비효율적이다. 그러므로 그때 그때의 목적에 맞게 광고방법을 선택해야 한다.

<table>
<tr><td colspan="4" align="center">판매촉진의 구체적인 방법</td></tr>
<tr><td align="center">구 분</td><td align="center">비 용</td><td align="center">장·단점</td><td align="center">방 법</td></tr>
<tr><td>광고</td><td>광고방법에 따라 다름</td><td>정보전달이 빠르고, 통제 가능하나 비용이 많이 든다.</td><td>TV, 신문, 잡지, 인터넷, 전단지 등</td></tr>
<tr><td>홍보</td><td>홍보방법에 따라 다름</td><td>신뢰도는 높음(점차 감소추세임) 정보전달의 통제가 어려움.</td><td>언론홍보, 사보, 사회봉사활동 등</td></tr>
<tr><td>판매촉진</td><td>많음</td><td>정보전달은 빠르나, 경쟁업체들의 과잉 판촉활동으로 효과 감소추세임</td><td>시식회, 시연회, 샘플제공, 사은품제공, 지불조건다양화, 가격할인 등</td></tr>
</table>

(5) 마케팅의 질적 변화

시대의 변화에 따라 마케팅도 변하고 있다. 예전의 양적인 마케팅에서 질적인 마케팅으로의 변화가 이루어지고 있다는 것이다.

1) 관계마케팅

고객이나 이해당사자와 강한 유대관계를 형성하여 이를 유지해 가며 발전시키는 마케팅으로, 단순판매위주의 방식에서 탈피 고객과의 이미

지개선 및 우호관계를 통해 장기적으로 이익을 실현하려는 마케팅이다.

2) 니치마케팅

빈틈을 파고들어 상품을 홍보하여 틈새시장을 만들어 내는 기법이다. 소자본으로 시장을 뚫기 위해서 상품 등의 우월성보다는 소비자의 관심을 유도해 판매로 연결시키고자 하는 마케팅이다.

3) 귀족마케팅

특정고객을 특화시켜 고객 만족과 우월성을 느끼게 하는 방식이다. 상류층을 타켓으로 온·오프라인의 사교공간을 만들어 완전 차별화된 요소를 시도한 마케팅방법이다.

4) 구전마케팅

말 그대로 소비자의 입에서 입으로 전달되는 것을 말한다. 고객이 영업사원이 될 수 있는 것이다. 무료체험, 무료시음, 샘플제공 등의 효과적인 마케팅을 펼쳐 소비자에게 체험의 기회를 제공하여 상품의 문제점을 파악하고 또한 상품의 우수성을 알리는 기회적 마케팅방식이다.

4. 점포확장과 다점포전략

흔히 "소자본으로 창업하기 어렵다."고 말한다. 당연하다. 장사를 해서 성공할 확률은 10~20%밖에 되지 않는다. 더욱이 지금과 같은 불경기에는 성공확률이 더 낮을 수밖에 없다.

그럼에도 불구하고 여전히 성공하는 점포들이 있다. 아무리 여건이 좋지 않아도 소비시장이 어떻게 변화하는지를 읽고 그에 맞춰 창업한다면 성공할 수 있는 길이 열려 있다는 것이다. 그리고 이와 같이 성공한 점포주에게는 또 다른 고민이 생긴다. 실패의 위험을 무릅쓰고 창업하여 성공한 후에 그 조그만 성공에 안주할 것인가 말 것인가가 고민이 된다는 것이다.

사람이란 돈을 벌면 사업을 더욱 확장하고 싶어진다. 하지만 사업확장은 매우 신중히 검토하고 계획을 세워 추진해야 한다. 고객이 많아지면 점포자체를 확장해야 좋은 업종도 있고, 아예 다른 곳에 점포를 하나 더 내는 것이 좋은 업종도 있다.

사업을 확장할 때는 상권력과 투자대비 수익성, 점포주의 영향도, 직원관리의 용이성 등을 아울러 검토하여 확장전략을 종합적으로 수립하되, 투자대비수익성이 비슷하다면 점포주의 영향도와 직원관리의 용이성을 기준으로 하여 확장전략을 세워야 한다. 즉 점포자체를 확장할 것인지 아니면 지점을 더 낼 것인지 그 확장전략이 달라야 한다는 것이다. 또, 최근의 경향이 모든 업종에 걸쳐서 점포가 클수록 유리하게 흘러가므로 이 점도 깊이 고려해야 한다.

일반적으로 음식점 중 전문음식점은 지점보다는 현재 점포를 확장하는 것이 더 낫다. 전문음식점은 주인에 의해 영향을 많이 받는 업종이다. 특히 전문 음식점은 그 고유의 맛과 청결 및 서비스 때문에 주인의 영향이 크다. 따라서 이런 경우에는 지점보다는 현재 점포를 확장하는 것이 더 낫다. 지점을 낼 경우 관리가 쉽지 않기 때문이다.

분식점 등 일반 음식점의 경우에는 전문음식점보다는 한결 관리가 쉽다. 따라서 일반음식점은 점포확장보다 지점을 내는 것이 더 나은 경우가 많다.

판매업은 비교적 지점을 내기에 좋다. 주인의 영향을 비교적 덜 받는 업종이기에 직원에게 교육을 시키는 것으로도 점포를 유지할 수 있기 때문이다.

하지만 서비스업은 아이템마다 각기 다르다. 기술위주의 서비스업은 점포주의 영향을 많이 받는 업종이므로 점포자체 확장이 낫고, 시설·대여업은 특별한 기술을 요하는 아이템이 아니므로 다점포전략이 가능하다.

물론 점포자체의 확장이냐 아니면 지점을 더 내느냐의 판단을 앞의 경우에서 보듯이 점포주의 영향도만 가지고 따질 수는 없다. 그 점포가 속하는 상권의 규모에 따라서도 다를 수밖에 없다. 즉 전문외식업이 잘되어 확장할 때에 상권의 규모가 작아서 더 이상 고객이 늘어날 여지가 없다면 이때는 점포자체의 확장이 의미가 없다는 것이다. 이럴 때에는 오히려 다점포전략을 강구해 다른 상권에 지점을 내는 것이 낫다.

부   록
자체검토용 사업계획서 양식

(외식업) 사업계획서

1. 사업 목적

2. 운영 방침

3. 아이템 개요

구 분	내 용
아이템 개요	
성공키워드와 습득 방안	
시장 현황과 차별화전략	
노동의 강도 (영업시간 등)	
문제점	
향후계획 및 비전	

4. 법률 및 세무문제

구 분	내 용
인허가 관련법 및 구비서류	
인허가 관할기관 및 담당	
사업자등록 절차 및 필요서류	
사업자등록 시 구비서류	

기타사항	구분	내용
기 타 사 항	사업자종류	
	기타기준경비율	
	사항장부기장	
	사회보험	

5. 상권 및 입지분석

(1) 상권 지도

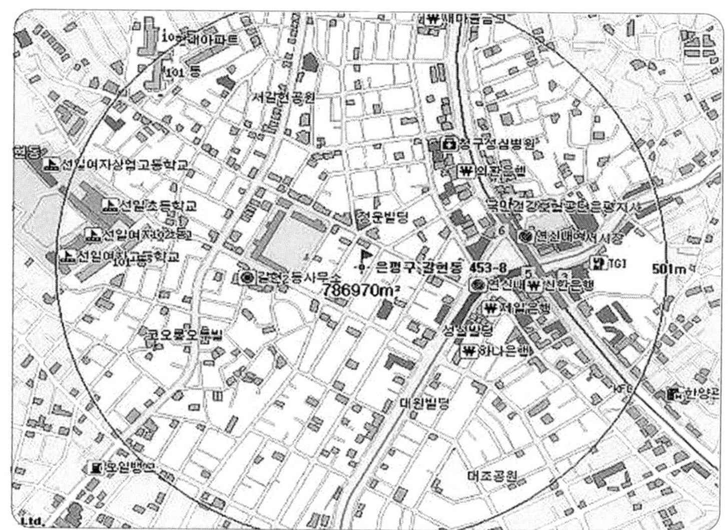

상권범위내 지도(반경 500m이내, 연신내상권지도 예)

(2) 상권분석

구　분	내　　용
상권 활성화 정도 (점포숫자, 배후지세대 등)	
배후지 주민 소득수준 및 소비수준	
상권의 특성 (유동인구 연령 및 성별 등)	
상권분석 종합	

(3) 입지조건분석

1) 입지조건분석도

강남역 상권 점포 입지조건 분석도 예

2) 입지분석

<table>
<tr><td rowspan="8">점포개요</td><td colspan="2">주 소</td><td></td><td>건물주</td><td></td></tr>
<tr><td colspan="2" rowspan="2">층 별</td><td rowspan="2"></td><td rowspan="2">면 적</td><td>임대 :</td></tr>
<tr><td>전용 :</td></tr>
<tr><td colspan="2">현 업 종</td><td colspan="3"></td></tr>
<tr><td colspan="2">건 물 전 체
업 종 구 성</td><td colspan="3"></td></tr>
<tr><td colspan="2" rowspan="2">점포비용</td><td>보증금</td><td>권리금</td><td>월세</td><td>기타</td></tr>
<tr><td></td><td></td><td></td><td></td></tr>
</table>

독점세대와 가망 세대수	
점포입지 수준 (A,B,C 급지)	
주변시설물 (핵점포나 혐오시설 유무)	
점포 앞 유동인구	
입지분석 종합	

6. 경쟁점포 분석

항 목	세부내용	A점포	B점포	C점포	D점포	E점포
입지력	사업장 위치 및 거리					
	사업장 규모					
	특 징 (연혁 및 이미지)					
상품력	상품수량과 품질					
	상품 가격					
영업력	직원 숫자					
	직원의 서비스 품 질					
	마케팅 전략					
브랜드력	브랜드력					
매출액과 월수익	월 매출액과 월 수익					
종합평가 (경쟁력)						

7. 세부사업계획

(1) 메뉴계획

구　분		가격대	주　재　료	비　고
주메뉴				
부메뉴				
주류/음료				

(2) 매출계획

항　목		테이블수	회전율	인원	객단가	영업일	합계
점심시간	평일						
	주말						
비타임	평일						
	주말						
저녁시간	평일						
	주말						
기　타	평일						
	주말						
기　타							

(3) 구매계획

1) 식자재 구매계획

구 분		단 위	구매가	구매처	구매기간	월소요량	월구매비
핵심재료							
부재료							
주류/음료							
합 계							

매출원가 비율 추정

구 분	내 용
월간 추정매출액	
월간 추정구매액	
매출원가 비율	

2) 기물집기 구매계획

구 분	품 목	수 량	단 가	금 액	구입처	비 고
영업비품						
장치비품						
운영비품						
물류비품						
기타비품						
합 계						

8. 공사계획

⑴ 공사개요

구　분		내　용	
상　호			
디자인 전　략	주요컨셉		
	예　산	인테리어	
		간　판	
		기물집기	
		기타비용	
항　목	홀		
	주방		
	계산대		
	기타		

(2) 평면도 및 간판계획

1) 평면도

2) 간판 시안 (예)

핸드다운 닭요리 전문점

9. 세부운영계획

(1) 개업 예정일 : (   )

(2) 목표고객군

구 분		저 녁		점 심		비타임		합계	비고
		고객군	비율	고객군	비율	고객군	비율		
제1고객	평일								
	주말								
제2고객	평일								
	주말								
기 타	평일								
	주말								
합 계	평일								
	주말								

(3) 종업원 계획

구 분	직급(호칭)	근무형태	근무시간	채용일정/방법	월급여
주 방					
홀					
합 계					

(4) 교육계획

구분	일정	주요내용	담당	장소	대상	비용
조리교육						
메뉴 및 서비스 교육						
합계						

(5) 품질 및 서비스전략

구분		내용	비고
품질전략	품질기준		
	유지방안		
서비스 전략	서비스기준		
	유지방안		

10. 촉진계획

(1) 개업전후 시연회등 특별촉진계획

(2) 개업 전 촉진계획

구 분	사 용 처	일 정	담 당	수 량	단 가	비 용
전단지						
현수막						
부착물						
명함						
이벤트						
개업판촉물						
홍보판촉물						
합 계						

구 분	사 용 처	일 정	담 당	수 량	단 가	비 용
광고						
홈페이지 제작						
이메일마케팅						
전단지						
합 계						

11. 재무계획

(1) 창업투자비

구　　분		금　　액	산출근거
점포구입비	보 증 금		
	권 리 금		
점포공사비	인테리어		
	간　판		
	기물집기		
	기　타		
초기준비비	초도물품비		
	개업준비비		
	개업홍보비		
	각종조사비		
구 분			

(2) 운전자금계획(3개월)

내　역	금　액	산 출 근 거
인건비		
운영비		

(3) 전제소요자금 조달계획

소요자금총액	조 달 구 분		타인자금 상환계획
	자기자금	타인자금	

(4) 월간영업수지추정(3~6개월차 정상화 기준) (단위: 만 원)

구 분			금 액	산출근거
(1) 월평균매출액				매출추정
지출비용	매출원가	상품구매비		구매계획
		재고감모손		상기의 약 3%
		로열티		
		소 계		
	판매비	인건비		
		임대료		
		관리비		전기, 가스, 상하수도
		홍보비		광고, 판촉
		기타제비용		통신, 공과 소모품
		소 계		
(2) 합 계				
(3) 총수입 (영업이익)				(2) / (1) = 영업이익률
비지출비용	이자기회비용			점포구입비 은행이자
	주인 인건비			
	감가상각비			(점포공사비+초기투자비) / 36개월
	외부이자			타인자금 대여 시
	(4) 합 계			
(5) 총 계				
(6) 순수입(경상이익)				(6) / (1) = 경상이익률

(5) 추정손익분기점 분석

항 목	산 출 식	산출금액
손익분기점 매출액	$$\dfrac{고\ 정\ 비}{1-\dfrac{변동비}{매출액}}=\dfrac{(\qquad)}{1-\dfrac{(\quad)}{(\quad)}}$$	산출금액
목표매출액	$$\dfrac{고정비+목표이익}{1-\dfrac{변동비}{매출액}}=\dfrac{(\ \ )+(\ \ )}{1-\dfrac{(\quad)}{(\quad)}}$$	산출금액
손익액	매출액－(고정비+변동비)= ( )－(( )＋( ))	산출금액

(6) 투자수익률 및 투자회전률 분석

항 목	산 출 식	산출비율
투자수익율	$$\dfrac{월매출-월비용}{창업투자비}\times100=\dfrac{(\qquad)}{(\qquad)}\times100$$	
투자회전율	$$\dfrac{월간순매출}{창업투자비}\times100=\dfrac{(\qquad)}{(\qquad)}\times100$$	
결 론		

12. 사업추진일정표

항 목	일 정				비 고
	( )월	( )월	( )월	( )월	
사업계획 확정 및 법률문제조사					
시장 및 사업장 조사					
사업장 확정					
인테리어 작업					
세부사업계획					
마케팅전략구축					
직원채용 및 기본교육					
기자재 구입					
판촉물제작 및 배포					
개 업					
개업 후 판촉					